大学入試・トピック別 英文ライティングフレーズ集＋《プラス》

駿台予備学校講師 田上芳彦 著

PLACE
プレイス

はじめに

2009年に『トピック別 英作文頻出表現活用ハンドブック』を出版してから10年以上が経過し、大学入試や資格試験のライティングで求められる語彙・表現も大きく変わりました。そこで、重要表現は残しつつも、最近のライティング問題をあらためて調査して、9割近くの語彙や表現を入れ替えたアップデート版を書名を変えてここにお届けします。

本書の特色は以下のとおりです。

1 そのまま使えて応用できるフレーズの形で掲載（Part 1）

英語表現の中心となるのは名詞ですが、名詞を単独で載せるのを極力避け、《動詞＋名詞》、《形容詞＋名詞》といった、相性のよい語句（コロケーション）を添えて、実際の文中ですぐ活用できるフレーズや文の形で載せています。

また、ディベート的なトピックでは、“Pros & Cons”（「賛否両論」の意味）と題して、そのまま賛成意見、反対意見の理由となるような表現を整理し、自由英作文のネタ集としても使えるようにしました。

2 「書く」ために必要な文法解説を充実（Part 2～5）

本書の最大の特徴は、単なる「トピック別の語彙リスト」に終わらないよう、英文を書く際に役立つ資料を充実させたことにあります。以下のように、どれもオリジナリティーあふれた、読んで役立つものばかりです。

■ Part 2　受験生の苦手な「グラフ説明問題」や「数量表現」、
さらに「語句の定義・説明問題」などへの対策も解説
■ Part 3　英文を書く際に間違いやすい基本文法事項をくわしく解説
■ Part 4　英文を書く上で知っておくと役立つアイディアの数々を紹介
■ Part 5　自由英作文に取り組む上でのちょっとした秘訣を公開

3 英語学習に役立つ配慮

これまでの受験生の答案の添削経験を活かし、誤りやすいスペリング、語法上犯しやすい誤り等、注意すべき点をフレーズの最後に注記の形で添えてあります。

なお、旧版の『ハンドブック』になかった試みとして、日本語のキーとなる語句を青文字にし、英訳の中の対応部分も青字にすることで、和英の対応をいっそうわかりやすくしました。

また、各トピックの最初には、その話題について英語で書く上で必須となる語句をまとめて掲載し、使い勝手をよくしました。なお、本文中のすべての英文は、日本語にも堪能なChristopher Barnard先生にていねいにチェックしていただきました。

4 ライティング試験に特化し語彙を厳選

このタイプの表現集は関連表現を欲張って載せていくと掲載語数がどんどん増えて「小型和英辞典」化してしまい、かえって学習者の負担が大きくなってしまいます。

そこで今回の改訂ではいたずらに語彙数を増やすことは避け、『ハンドブック』で扱った項目の中で、もはや現在のライティング試験では不要だと思われる語句を思い切って削り、その分のスペースを、単語をフレーズや文の形にして長くすることに使いました。その結果、表向きの項目数は減りましたが、載っている1つ1つの項目を実用性の高い形に進化させることができました。

本書がみなさんの表現力向上のお役に立てば幸いです。

2021年冬

田上　芳彦

本書の使い方

1 本書全体は、個々のフレーズ自体を扱うPart 1と、それを使って実際に英文を書く上での様々なヒントとなる事項（文法、表現のコツ、学習法など）を扱うPart 2〜5に分かれています。この2つはいわば車の両輪で、いくら語彙だけ覚えても、それを正しく使って文を組み立てられなければ意味がありませんし、またいくら表現方法だけ学んでも肝心の語彙を知らなければ試験では役に立ちません。両者をバランスよく学習してください。

2 Part 1の語彙・表現集の作成にあたっては、大学入試の和文英訳問題、自由英作文問題、および資格試験のライティング問題で出題されたテーマを徹底的に調査しました。そして、そうしたテーマで英文を書く際に必要となるであろう語句を、実際に文の中で使うことを想定し、相性のいい語句とともにフレーズの形で載せてあります。青字部分に特に注意してください。

ただし、ライティングといっても、欧米の大学生や、プロの作家が書く英文ではないのですから、日本人の受験生が到底思いつきそうにない難解な語句や、口語的・俗語的すぎる表現などは極力避け、できるだけやさしい語彙を使った簡潔な表現を心がけました。

3 Part 1の一部の項目の冒頭には、"Basic Vocabulary"と題して、その項目を論じる際に典型的に使われる必須語彙を掲載しました。

その下にリスト化した各表現は、関連表現を並べて配置し、さらにこれまでの添削の経験をふまえ、注意すべき事項があればカッコの中に注記の形（▶）で添えるようにしました。

4 例文で使う人称は、Iまたはyouを基本とし、それを受ける代名詞も、myやyourなどでそろえています。実際に英文を書く場合は、これらを他の人称に置き換えて使えますし、所有格は主語が変われば当然主語にそろえて変える必要があります。

語句の探し方

① トピックから探す!

自分の探している語句と関連していそうなトピックを巻頭の「目次」で探して、そこに目を通してみましょう。

②「さくいん」から探す!

巻末には、本書に収録した主な語句を50音順に並べた「さくいん」があります。また「さくいん」にない語句でも、例文中に登場する場合もありますので、その関連語句を「さくいん」で探して引いてみてください。

本書で使用している記号

(　　) ➡ カッコの中の語句は省略可能

例 all day (long) は、all day long でも all day でも共に可

[　　] ➡ カッコの中の語句は直前の語句と言い換え可能

例 a mild [warm] winter は、a mild winter でも a warm winter でも可

また、日本語に [　] が使われて意味の違う他の語句との言い換えを示している場合は、英文の対応する部分に [　] を使って言い換えを示している場合があります。(以下の下線部を参照)

例 オリンピックを延期 [中止] する ⭘ postpone [cancel] the Olympic Games

「延期する」が postpone に、「中止する」が cancel にそれぞれ対応する

— ➡ 動詞の原形を表す

例 to — は to + 動詞の原形 (to 不定詞)、—ing は現在分詞や動名詞

《米》《英》 ➡ 本書はアメリカ英語を基準にしていますが、必要に応じて、このような記号をつけて、それぞれアメリカ英語、イギリス英語で主に使われる語彙を紹介しています。

▶ ➡ 誤りやすい語法、単語の意味や発音や綴りなどに関する注意事項を示しています。

目次

PART 1
トピック別フレーズ…… 11

PART 4
ライティングあの手この手 …… 225

PART 5
自由英作文Tips …… 237

PART 1
トピック別フレーズ

“

英文ライティングでは、あるトピックが与えられ、そのもとで自分の主張を述べたり、具体例をあげたり、賛否の議論を展開するのが一般的です。
この PART 1 では、そうしたトピックの中から、頻出するもの、今後出題が増えそうなものを選び、そのトピックを論じるのに必要と思われる語彙や表現を分類整理して、「そのまま使えて応用できる」句ないし文の形で掲載しました。
それに加えて、そのトピックで英文を書くのに欠かせない必須語彙は “Basic Vocabulary” として、まとめて各トピックの冒頭に載せるとともに、ディベート的なトピックでは、“Pros & Cons” として賛成意見と反対意見を述べる表現を分けて収録し、そのまま自由英作文のネタ集としても使えるように工夫しました。

1 教育 （1）オンライン授業

オンライン授業

Basic Vocabulary

オンライン学習　online learning; e-learning; distance learning; remote learning
対面授業　face-to-face lessons [classes]

❑ オンライン授業を受ける
➲ take online lessons（▶このonlineは形容詞。onlineを副詞で使ってtake lessons onlineとも言える）

❑ オンラインで授業を行う ➲ conduct classes online

❑ リモートで授業に出席する ➲ attend classes remotely

❑ 対面授業の利点 ➲ the advantages of face-to-face classes

❑ 対面授業が再開するまで
➲ until face-to-face classes resume [start again]（▶動詞 resume/rɪzúːm/は「再開する」）

❑（他の）生徒とやりとりする ➲ interact with (other) students

❑ 課題をオンラインで提出する ➲ submit the assignments online

❑ 教育格差を是正する
➲ reduce [end] educational inequality / close [reduce] the gap in educational opportunity（▶close the gapは「格差を縮める」の意味。opportunity（機会）はrを落として書きやすいので注意）

Pros & Cons

オンライン授業賛成

❑ ネットにつながるコンピュータだけあればよい。
➲ All you need is a computer with internet access.

❑ どこに住んでいてもオンラインで授業が受けられる。
➲ You can take lessons online no matter where you live.

❑ 通学する必要がない。
⭘ You do not need to commute to and from school.

❑ 交通費がかからない。⭘ There are no transportation costs.

❑ 自分のペース（とスケジュール）で勉強できる。
⭘ You can study at your own pace (and on your own schedule).

❑ 移動時間が節約できる。⭘ You can save your traveling time.

❑ スケジュールの融通がより利く。
⭘ You have more [greater] flexibility in your schedule.

❑ ウイルスをうつしたりもらったりする心配がない。
⭘ There is no fear of spreading or catching the virus.

オンライン授業反対

❑ 自分のスケジュールを管理する必要がある。
⭘ You need to control [manage] your own schedule.

❑ 時間を上手に管理できる能力が必要だ。
⭘ You must have good time-management skills.

❑ 自分の学習により責任を持つ必要がある。
⭘ You should be more responsible for your own learning.

❑ 孤独を感じるかもしれない。⭘ You may feel isolated.

❑（教師が）各生徒の学習状況を把握しづらい。
⭘ It is hard (for teachers) to monitor each student's learning progress.（▶ progressは「進捗状況；経過」の意味）

❑ 励ましてくれる［その場で質問に答えてくれる］先生がそばに必要だ。
⭘ You need a teacher beside you to encourage you [answer your questions on the spot].（▶ on the spotは「その場で」）

❑ 家だとなまけがちになる。⭘ You tend to be lazy at home.

❑ 家には気が散るものがたくさんある。
⭘ There are many distractions at home.

❑ 生徒の成績が正確かつ公平に評価されていない心配がある。
⭘ There is concern that students are not graded accurately and fairly.

❑ 画面を見続けると目が疲れる。

➲ If you keep looking at the screen [display], your eyes get tired.

❑ 自宅にまだWiFi環境がない人はたくさんいる。

➲ There are many people who still don't have Wi-Fi (access) [internet access] at home.

❑ すべての科目がオンラインで利用できるわけではない。

➲ Not all subjects are available online.

❑ 実験室での実習が必要なコースもある。

➲ Some courses require practical training in laboratories.

2 教育 (2) デジタル教科書、電子機器利用

デジタル教科書

Basic Vocabulary

デジタル教科書　digital textbooks
電子教科書　e-textbooks

❑ デジタル教科書を導入する ➲ introduce digital textbooks

❑ デジタル教科書の普及を加速させる
➲ accelerate the spread of digital textbooks

❑ 大事だと思った部分に下線を引く
➲ underline the parts (that) you think are important

Pros & Cons

デジタル教科書賛成

❑ デジタル教科書は持ち運びが楽だ。
➲ Digital textbooks are easy to carry. (▶「紙の教科書」と比較して「デジタル教科書の方が」などと論ずる場合は、easyを比較級easierにすればよい。以下も同じ)

❑ デジタル教科書は（紙の教科書と比べて）修正や改訂が簡単だ。
➲ Digital textbooks are easier to update and revise (than paper textbooks).

❑ デジタル教科書は環境にやさしい。
➲ Digital textbooks are eco-friendly. (▶比較級はeco-friendlier)

❑ デジタル教科書は音声・動画コンテンツがあり、理解を助ける。
➲ Digital textbooks have audio and video content, which helps your understanding.

❑ 1つのデバイス上に何百冊もの教科書を入れられる。
➲ One device can contain hundreds of textbooks.

❑ 特定のページに簡単に飛べる。
➲ You can quickly jump to a specific page.

デジタル教科書反対

❏ 紙の教科書の方が内容を覚えられるという人もいる。
✪ Some people say they can memorize contents better with [from] paper textbooks.

❏ デジタル教科書が適さない教科もある。
✪ There are some (school) subjects that are not suited for digital textbooks.

❏ 授業中デジタル教科書にトラブルが起きるたびに授業が中断される。
✪ Every time something goes wrong with digital textbooks in class, the lesson is interrupted.

❏ 通信量が増えるのでネット環境を整備する必要がある。
✪ You need a lot of bandwidth, so the internet environment must be improved.（▶ bandwidth は「(周波数) 帯域幅、情報量)

電子機器利用

❏ デジタル教材の導入 ✪ the introduction of digital learning tools

❏ 電子黒板に書く
✪ write on an electronic blackboard [an electronic chalkboard]

❏ 自分のペースで作業できる。✪ You can work at your own pace.

❏ 文字の大きさを変えられる。
✪ You can change the size of the characters.

❏ インタラクティブな学習の機会を提供する
✪ offer [provide] interactive learning opportunities

❏ 教師が生徒の学習状況を記録し観察できる装置もある。
✪ Some devices allow teachers to record and monitor the progress of each student.

❏ 他の生徒の前で話すのが苦手な生徒も授業に参加できる。
✪ Students who are not good at speaking in front of other students can participate in class.

❏ 高価なWiFiネットワークが必要 ✪ require costly Wi-Fi networks

❏ …は目が疲れる。➲ ... is tiring for the eye. / ... causes eyestrain.

❏ 教師はシステムの基本的なトラブル解決方法を知っておく必要がある
➲ Teachers need to learn basic trouble-shooting of the system.

❏ 授業中に機器の充電が切れると使えない。
➲ If your device runs out of power [charge] in the middle of the lesson, you cannot use it.

❏ タブレットPCでノートをとる ➲ take notes on a tablet computer

❏ 手で書いた方が覚えやすい。
➲ Writing by hand makes it easier to remember the information.

❏ 教育現場のICT化を進める
➲ make more use of ICT in the fields of education (▶ ICTはInformation and Communication Technologyの略)

▶ *More Words!* ➲ 教科名 ◀

数学	math	生物	biology
国語	Japanese language	地学	earth science
古文	Japanese classics	政経	politics and economics
漢文	Chinese classics	公民	civics
世界史	world history	倫理	ethics
日本史	Japanese history	芸術	art
地理	geography	情報	information study
理科	science	家庭科	home economics
物理	physics	体育	P.E.
化学	chemistry		(▶ physical educationの略)

3 教育 (3) 学校でのスマホ使用

学校でのスマホ使用

Basic Vocabulary

スマホ［スマートフォン］ a smartphone
携帯電話 a cell phone / a mobile phone
（▶スマホも携帯電話も実生活では単にa phoneと言えば通じるが、和文英訳の答案では訳し分けた方がよい）

❏ スマホを学校に持ってくるのを許可する
➲ allow students to bring a smartphone to school

❏ スマホを家に置いていかせる
➲ have your child leave his [her] smartphone at home

❏ 教室でのスマホを禁止する ➲ ban smartphones in classrooms

❏ 学校内でのスマホの使用を制限する校則
➲ school rules that restrict the use of smartphones in schools

❏ スマホで情報を調べる ➲ look up information on your smartphone

Pros & Cons

学校へのスマホ持ち込み賛成

❏ 教育目的のためだけに［教師の指導のもとでのみ］授業中生徒にスマホを使わせる
➲ let students use smartphones only for educational purposes [under teachers' guidance].

❏ スマホは調査をするのに役立つ道具だ。
➲ Smartphones are a useful tool for doing research.

❏ 簡単に情報が探せる。 ➲ You can look up information easily.

❏ 緊急時に家族と連絡が取れる。 ➲ You can contact your family members in case of emergency [emergencies].

❏ GPS機能を利用して親は子供の居場所がわかる。
➲ Using GPS, parents can keep track of their child's location.

学校へのスマホ持ち込み反対

❏ スマホは気が散る。➲ Smartphones are distracting.

❏ 着信音、メッセージ通知、振動などが生徒の集中力をそぐ。
➲ Ringtones, message notification or vibration break students' concentration.

❏ スマホは生徒を現実の世界から引き離す。
➲ Smartphones disconnect [distract] students from the real world.

❏ 生徒がスマホで実際にしていることを教師がチェックするのは難しい。
➲ It is difficult for teachers to check what students are actually doing on their smartphones.

❏ スマホをカンニングに使う
➲ use smartphones to cheat (on a test) (▶ cheatは「不正をする」の意味の自動詞。cunningは「ずるい」の意味の形容詞)

❏ 生徒がネットいじめに巻き込まれる可能性が高くなる。
➲ Students are more likely to get involved in cyberbullying.
(▶「ネットいじめ」→p.24)

4 教育 (4) 高校生活、制服、部活、宿題

高校生活

❑ 生徒数の多い大きな高校
✪ a large high school with many students (▶ high school は2語で綴る)

❑ 高校時代に
✪ when I was in high school (▶ high school は無冠詞) / when I was a high school student

❑ 高校時代が懐かしい。✪ I remember my good old high school days.

❑ 高校生活のいちばんの思い出
✪ the best memory of my high school days

❑ 私の担任の先生 ✪ my homeroom teacher

制服

Basic Vocabulary

制服 **a school uniform** (▶ uniform は不可算名詞だが、種類や具体例では a を伴う)

❑ 制服 [私服] で登校する
✪ go [come] to school in uniform [in casual clothes]

❑ うちの高校には制服がない。✪ Our school has no school uniform.

❑ 性別に関係ない制服を取り入れる
✪ introduce a gender-neutral (school) uniform

Pros & Cons

制服賛成

❑ 学校には学生にふさわしい服を着て行くべきである。
✪ You should go to school in clothing suitable for students.

❑ 毎日学校に何を着ていくか悩まなくてすむ。
● You don't have to worry about what to wear to school every day.（▶ every dayは副詞なので2語で綴る。× everydayと1語で書かないこと）

❑ 制服によって生徒が一体感と帰属意識を持てる。
● Uniforms give students a sense of group identity and belonging.

❑ 流行に遅れないように洋服を買う必要がない。
● You do not have to buy clothes to keep up with fashion.（▶keep up with ...は「〈最新事情・流行など〉に遅れずについていく」）

❑ 洋服代を長期的に節約できる。
● You can save money for clothing in the long run.

制服反対

❑ 制服は夏は暑すぎるし、冬は暖かくない。
● School uniforms are too hot in summer and not warm enough in winter.

❑ 制服は個性を奪う。● School uniforms take away individuality.

❑ 制服は生徒の表現の自由を制限する。
● School uniforms restrict students' freedom of expression [limit students' self-expression].

❑ 制服は生徒全員に着心地のよいものではないかもしれない。
● School uniforms may not be comfortable for all students.

部活

Basic Vocabulary

クラブ活動、部活 club activities

❑ 学業と部活動のバランスをとる
● balance school work and club activities

❑ 学校の勉強も部活もがんばる
● work hard for both schoolwork and club activities

❏ 学業を犠牲にせずに ➲ without sacrificing school work

❏ 高校3年の夏休みが終わるまで
➲ until after the summer vacation of my third year in high school

❏ 他のクラスの人と友だちになれる
➲ make friends with other students from other classes

❏ チームワークを学ぶのに役立つ
➲ help you develop teamwork skills

❏ 勉強から離れて気分転換に何かをするのはよいことだ。
➲ It is good to get away from your study and do something for a change（▶ for a changeは「気晴らしに；気分転換に」の意味）

宿題

Basic Vocabulary

宿題　homework（▶不可算名詞なので 冠詞のaや複数形の-sがつかないことに注意）
宿題をする　do homework

❏ 宿題を終わらせる ➲ finish your homework

❏ 生徒に宿題を出しすぎる ➲ give students too much homework

❏ 宿題の量を減らす ➲ reduce the amount of homework

❏ 授業で学んだことを復習する
➲ review what you have learned in class

❏ 教師の助けなしで問題を解く
➲ solve problems without help from teachers

5 教育 (5) いじめ、ネットいじめ、諸問題

いじめ

Basic Vocabulary

いじめ　bullying (▶「いじめ」という行為自身を表す)
…をいじめる　bully ... (▶「いじめられる」は be bullied)
いじめっ子　a bully (▶複数形は bullies)

- ❑ いじめをなくす ⊃ stop [end] bullying
- ❑ 上級生にいじめられる ⊃ be bullied by older [senior] students
- ❑ いじめた子の名を公表する ⊃ release the name of the bully
- ❑ いじめの兆候を見つける[見落とす]
  ⊃ spot [miss / overlook] the signs of bullying
- ❑ いじめられている兆候を示す ⊃ show signs of being bullied
- ❑ いじめられている子どもからのSOSサインに気づく
  ⊃ notice [become aware of] the SOS signs from bullied children
- ❑ …と書いた遺書を残す
  ⊃ leave a (suicide) note, saying ... (▶ noteは「短い手紙」の意味。正式な遺言書はa willと言う)
- ❑ 学校に行くのがつらかった。⊃ It was painful for me to go to school.
- ❑ 学校がいじめに気づいていたかどうかを調べる
  ⊃ find out if the school was aware of the bullying
- ❑ いじめを学校に通報する ⊃ report the bullying to the school
- ❑ いじめが原因で不登校になる
  ⊃ stop going to school [stay home from school] because of bullying
- ❑ カウンセラーに相談する ⊃ see a counselor

ネットいじめ

❏ ネットいじめの被害者
⭘ the victims of cyberbullying [online bullying]（▶ cyberbullyingの発音は/sáɪbəbùliŋ/）

❏ ネットでいじめを受ける ⭘ get cyberbullied / get bullied online

❏ より多くの人を巻き込む ⭘ involve more people

❏ 学校から帰宅した後でも ⭘ even after you get home from school

❏ いじめる人間が匿名であることが多い。
⭘ The bully is often anonymous.

❏ 影響がはるかに速く広く広がる。
⭘ The effects can spread much more quickly and broadly.

諸問題

❏ 登校拒否の子ども ⭘ children who refuse to go to school

❏ 自殺する ⭘ commit suicide

❏ 校内暴力を防ぐ ⭘ prevent school violence

❏ 問題児 ⭘ a problem child

❏ 高校を中退する
⭘ drop out of high school（▶ drop outは主に学校の勉強についていけない場合。自分の意思でやめる場合はquit school）/ leave high school

❏ 退学になる
⭘ be kicked out of school / be dismissed from school

6 教育 (6) 授業、グループ学習

授業

Basic Vocabulary

授業中に in class / during (the) class

- ❑ 授業に積極的に参加する ➲ participate actively in class
- ❑ 授業中おしゃべりをする ➲ talk during class
- ❑ 授業をさぼる ➲ skip [cut] class [lessons]
- ❑ この前の英語の授業を休んだ。
  ➲ I was absent from the last English class.
- ❑ ICレコーダーで講義を録音する
  ➲ record lectures using a (digital) voice recorder [an IC recorder]
- ❑ 知識詰め込み型の教育 ➲ knowledge-cramming education
- ❑ 知的好奇心を満足させる ➲ satisfy your intellectual curiosity
- ❑ 生徒を能力別に分ける［まとめる］
  ➲ divide [group] students by ability

一人で勉強するかグループで勉強するか

Basic Vocabulary

一人で勉強する study alone [on your own]
友だちと［グループで］勉強する study with your friends [in a group]

- ❑ 個人学習の重視 ➲ emphasis on self-study
- ❑ 自分と勉強のやり方が違う友だちと勉強する
  ➲ study with friends whose learning styles are different from yours
- ❑ 学ぶ速さは人によって違う。
  ➲ People learn at different speeds [paces]. (▶このdifferentの用法はp. 234参照)

Pros & Cons

一人で勉強することに賛成

❑ 自分のペースで勉強できる。 ➲ You can study at your own pace.

❑ 休みたいときにいつでも休憩できる。
➲ You can take breaks [a break] whenever you want to.

❑ 勉強に集中できる。 ➲ You can concentrate on studying.

❑ 苦手な [なかなか理解できない特定の] 分野を重点的に勉強できる。
➲ You can focus on your weak areas. / You can focus on specific areas you have trouble understanding.

❑ 各教科に好きなだけ時間が費やせる。
➲ You can spend as much time as you like on each subject.

❑ 人が周囲にいると集中できない [気が散りやすい]。
➲ You cannot concentrate [You get easily distracted] when others are around.

友だちと [グループで] 勉強することに賛成

❑ 友だちに自分が理解できないところを質問できる。
➲ You can ask your friends about the things you don't understand.

❑ 友だちに教えるとそれが自分の理解を深める。
➲ If you teach something to your friends, that will help you understand it better.

❑ 友だちから勉強のコツを学べる。
➲ You can pick up some of your friends' study techniques.

❑ お互いに問題を出し合って弱点を発見できる。
➲ You can quiz each other and discover your weak points. (▶ quizは「小テストをする」の意味の動詞)

7 教育 (7) 教育、教師

教育

- ❑ 日本の教育制度 ➲ the educational system in Japan
- ❑ すべての子どもに教育の機会を与える
 ➲ give all children educational opportunities
- ❑ 義務教育 ➲ compulsory education
- ❑ 教育を無償化する ➲ provide free education
- ❑ 1学期 ➲ the first term [semester] (▶ semesterは2学期制の場合)
- ❑ 2024年度から
 ➲ from the academic [school] year beginning in April, 2024

教師

- ❑ 学校でいちばん自分の印象に残った先生
 ➲ the most memorable teacher you had in school
- ❑ 教えることに熱心だ ➲ be enthusiastic about teaching
- ❑ 生徒に学ぶことに興味を起こさせる
 ➲ get your students interested in learning
- ❑ 生徒に質問することを奨励する
 ➲ encourage your students to ask questions
- ❑ 生徒の意見を尊重していることを示す
 ➲ show your students that you value their opinions (▶ valueは動詞で「…を尊重する、重んじる」。名詞のvaluesについては→p.138)
- ❑ 生徒の考えに興味があることを知らせる
 ➲ let your students know that you are interested in their ideas
- ❑ ユーモアのセンスがある
 ➲ have a sense of humor (▶ senseを× senceと綴らないよう注意)
- ❑ 生徒を公平に扱う ➲ treat your students equally

8 教育 (8) 大学、大学入試、入試改革

大学

Basic Vocabulary

大学 a university (▶冠詞はanではなくa) / a college
入学する get into [enter] university [college] (▶無冠詞)
卒業する graduate from university [college] (▶無冠詞)
学部 a department
留学する study abroad
…を専攻する major in ...

- ❑ 大学時代 ⭘ when I was in college (▶無冠詞)
- ❑ 国立大学 ⭘ a national university
- ❑ 私立大学 ⭘ a private university
- ❑ 第一志望の大学に受かる
  ⭘ be [get] accepted into my first choice college
- ❑ この大学のキャンパスはとても広い。
  ⭘ The campus of this college is very large.
- ❑ 奨学金をもらえる可能性 ⭘ the chance of getting a scholarship
- ❑ アパートで一人暮らしをする ⭘ live alone in an apartment
- ❑ 寮に住む ⭘ live in a dormitory
- ❑ 授業料を払うためにバイトする
  ⭘ work part-time to pay the tuition fees

大学入試

Basic Vocabulary

入試 entrance exam / entrance examination

- ❑ 慶應大学を受験する ⭘ take the entrance exam for Keio University
- ❑ 早稲田大学に合格する ⭘ pass the entrance exam for Waseda University

❏ この大学の志願者数 ⭘ the number of applicants to this college

入試改革

Basic Vocabulary

大学入試改革 **entrance exam reforms / university admission reforms**

❏ 文科省 [文部科学省]
⭘ the Ministry of Education, Culture, Sports, Science and Technology

❏ (大学入試) 共通テスト
⭘ the Common Test (for University Admissions)

❏ (英語) 四技能を評価する
⭘ evaluate [assess] (all) four (English) skills

❏ 記述式問題を導入する
⭘ adopt a written portion [section] in the exam / introduce questions that require written answers (▶「筆記試験」はwritten tests [exams])

❏ 公平性が保証できない。⭘ There will be no guarantee of fairness.

❏ 民間業者に採点業務を委託する
⭘ ask a private company to grade the test answers / entrust a private company with exam-marking work

❏ 民間の英語試験を活用する ⭘ utilize private English tests

❏ 地方に住む高校生
⭘ high school students living in rural areas (▶ ruralは「田舎の」→p.163) / high school students living outside major cities

❏ もし試験会場が (家から) 遠ければ
⭘ if your exam site [venue] is far (from your place) (▶ venue /vénjuː/は「開催地; 会場」)

❏ 都市部の方が試験会場が多い。
⭘ Urban areas have more venues holding the exams.

9 教育 (9) 秋入学、ギャップイヤー

秋入学

Basic Vocabulary

学校年度　a school year / an academic year

- ❏ 日本の学校年度を9月に始め(6月に終え)る
  - start the school year in Japan in September (and end it in June)
- ❏ 学校年度を9月始まりに移行する
  - shift the academic year to a September start
- ❏ 学年の始まりを他の国に合わせて9月に変える
  - change the start of the school year to September to fit in with that of other countries (▶fit in with ... は「…と合わせる」。thatはthe school yearを指す)
- ❏ 卒業の時期を夏に変える ➲ change the timing of graduation to summer
- ❏ 学年の途中で入学する ➲ enter school in the middle of the school year
- ❏ 交換留学生 ➲ exchange students

Pros & Cons

秋入学賛成

- ❏ 日本の学生が留学しやすくなる。
  - It would be easier for Japanese students to study abroad. (▶このようなwouldやcouldについてはp.222からを参照)
- ❏ 夏休みが長くなる
  - have a longer summer vacation [have longer summer vacations]
- ❏ 外国から優秀な学生や教授を受け入れやすくなる。
  - Good students and professors from overseas could come to Japan more easily.
- ❏ 日本に戻ってきて学校に入りやすくなる
  - make it easier to return to Japan and enter schools
- ❏ 他国の学生生活に間を空けずに移れる。
  - You could slide seamlessly into academic life in another country.

❑ 寒いインフルエンザの季節に生徒が入試を受けずに済む。
➲ Students wouldn't have to take entrance exams during the cold and flu season.

❑ 学生が海外に出たいという気持ちを高める
➲ raise students' motivation to go abroad

❑ 国同士の交流を促進する ➲ promote international exchange

❑ 優秀な学生は日本を離れて海外の大学に行ける。
➲ Bright students would leave Japan and could go to universities overseas.

秋入学反対（現状どおり4月から学年開始）

❑ 様々な資格試験の日程を見直す必要がある。
➲ Exams for various licenses need to be rescheduled.

❑ 企業の採用活動 [採用時期] を調整する必要がある。
➲ Corporate recruiting activities [hiring timetables] need to be adjusted.

❑ 留学から戻ったときに同じ学年を繰り返さなければならない。
➲ You have to repeat the same year after returning from abroad.

ギャップイヤー

❑ ギャップイヤーは、自分が本当にやりたいことを見直す [よりはっきりさせる] 機会を提供してくれる。
➲ A gap year gives you the chance to reflect on [get a clearer idea of] what you really want to do.

❑ 興味を追い求めるのに時間を使う
➲ spend your time pursuing your interest

❑ 自分の研究に関連した実社会の経験を積む
➲ gain real world experience related to your studies

❑ ライフスキルを磨く機会 ➲ the opportunity to advance your life skills

❑ 新しい人に会う ➲ meet new people

10 環境問題 (1) 環境問題、ごみ問題、リサイクル

環境問題

Basic Vocabulary

自然を守る［保護する］ protect nature (▶ natureに定冠詞theは不要)
環境問題 an environmental problem [issue]
環境にやさしい environmentally-friendly
天然資源 natural resources

- ❏ 環境を保護する ⭘ protect the environment (▶定冠詞theをつける)
- ❏ 深刻な環境問題に直面している
  ⭘ be faced with serious environmental problems
- ❏ 環境にやさしい製品を買う ⭘ buy environmentally friendly products
- ❏ 環境によりやさしくする ⭘ be more environmentally friendly
- ❏ …は環境に悪い。 ⭘ ... is bad for the environment.
- ❏ …は私たちの環境にとって脅威となる。
  ⭘ ... will be a threat to our environment.
- ❏ 環境破壊につながる ⭘ lead to environmental destruction
- ❏ ひどい環境破壊を引き起こす
  ⭘ cause serious environmental destruction
- ❏ 生態系全体が壊れるだろう ⭘ The entire ecosystem will collapse.
- ❏ 食物連鎖が崩れる ⭘ The food chain breaks.
- ❏ 地球の環境が破壊され続ける。
  ⭘ The earth's environment continues to be destroyed.
- ❏ かけがえのない自然環境を汚染する
  ⭘ pollute our precious natural environment
- ❏ 森林や河川の開発 ⭘ the development of forests and rivers
- ❏ 限りある天然資源を有効利用する
  ⭘ utilize the limited natural resources / use the limited natural resources efficiently (▶ limitedを×limittedと綴らないよう注意。efficientlyは

「むだなく」の意味)

❑ …を減らそうと意識的な努力をする
 ⭘ make a conscious effort to reduce ...

❑ 税金の優遇措置を受けられる
 ⭘ can receive preferential tax treatment (▶ preferential treatmentは「優遇措置」の意味)

❑ 海水を飲料水化する
 ⭘ turn [convert] seawater into drinking [potable] water (▶ potableは「飲料に適した」の意味の形容詞。turn ... into ～は「…を～に変える」)

❑ 持続可能な開発目標を達成する
 ⭘ achieve the Sustainable Development Goals (▶略称 SDGs)

❑ 脱炭素社会を実現する ⭘ realize a decarbonized society

❑ カーボンニュートラルを目指す ⭘ aim to become carbon neutral

ごみ問題

❑ ごみをそのままにして帰る ⭘ leave your litter behind

❑ 私たちはこれまで…を大量に消費してきた。
 ⭘ We have used [consumed] a lot of ...

❑ 現代は使い捨て社会である。
 ⭘ Ours is a throwaway society. (▶ oursはour societyの意味)

❑ 深刻なごみ処理問題を抱えている
 ⭘ have serious waste disposal problems

❑ プラスチックの使用を減らす ⭘ reduce the use of plastic

❑ プラスチックごみを削減する
 ⭘ reduce the amount of plastic waste (▶ wasteは不可算名詞)

❑ プラスチックのストローを禁止する ⭘ ban plastic straws

❑ 海洋プラごみを減らす ⭘ reduce ocean plastic waste

❑ 海の生物に影響を与える
 ⭘ affect sea life (▶ lifeは「生物」の意味の不可算名詞)

❑ エコバッグを持参する ⭘ bring your own eco [reusable] bag

❑ レジ袋を有料化する
○ charge for plastic (carrier [shopping]) bags (▶ charge for ... は「…の料金を請求する」)

❑ ごみを分別して出す ○ sort and take out garbage (▶ sort は「分類する」)

❑ ごみを燃えるものと燃えないものに分ける
○ separate the garbage into burnable and unburnable [non-burnable]

❑ 生ごみを収集日まで室内に保管する
○ keep garbage indoors until the day of collection (▶ 水分を含んだ生ごみなどは、《米》では garbage、《英》では rubbish が使われる)

❑ 野生動物が街に来ないようにする
○ stop wild animals from coming into town (▶ stop ... from 一ing は「…が一するのを妨げる」)

❑ 紙のレシートは紙のむだである。○ Paper receipts are a waste of paper. (▶ receipt の発音は /rɪsíːt/)

❑ 紙のレシートの代わりにメールでデジタルレシートを発行する
○ issue digital receipts via email instead of paper ones

リサイクル

【使い分け】 recycle か reuse か
- **recycle は「再資源化する」で、いったん原料の形まで戻して新しい製品を作るのに利用すること。**
- **reuse は「再利用する」で、捨てずにそのままの形で使うこと。**(▶ 発音に注意。動詞の場合は「リユーズ」、名詞の場合は「リユース」)

※日本語の「リサイクル」はこの両方の意味で使うので注意。

❑ …をリサイクルショップに持っていく
○ take ... to a secondhand store (▶ secondhand は「中古品を扱う」の意味の形容詞。× recycle shop は和製英語)

❑ それらはリサイクルできない。○ They are not recyclable.

❑ ペットボトル [牛乳の紙パック] をリサイクルする
○ recycle plastic bottles [(paper-based) milk cartons] (▶ ペットボトル

の「ペット(PET)」は polyethylene terephthalate(ポリエチレンテレフタレート)の略だが、英語では plastic bottle と言う)

❑ 古い家庭(電化)製品を下取りに出す
➲ trade in old home (electrical) appliances(▶ trade in は「…を下取りに出す」の意味)

❑ 古い着物をリサイクルに回す ➲ sell old kimonos to be reused

❑ 再生紙を利用する ➲ make use of recycled paper

❑ ペットボトルをつぶす ➲ crush plastic bottles

❑ びんの内側をすすぐ ➲ rinse the inside of plastic bottles

❑ プラスチックの持ち帰り用容器を洗う
➲ wash out plastic takeout containers [trays]

❑ 割りばしの使用をやめる
➲ stop using disposable wooden chopsticks(▶ disposable は「使い捨ての」の意味)

11 環境問題 (2) 食料廃棄

食料廃棄

❏ (家庭の) 食料廃棄を減らす ✪ reduce (household) food waste
❏ 食品を買いすぎないようにする ✪ try not to buy too much food
❏ 使える物だけを買う ✪ buy only what you can use
❏ 必要以上の食べ物を買うのを避ける
✪ avoid buying more food than you need
❏ 衝動買いを避ける [減らす] ✪ avoid [reduce] impulse buying
❏ 買い物リストを作る
✪ make a shopping list / make a list of items you need to buy
❏ 料理を作りすぎないようにする ✪ try not to make too much food
❏ 職場にお弁当を持っていく ✪ bring your lunch to work (with you)
❏ 食べ物の普段使われない部分を使う
✪ use parts of foods that aren't usually used
❏ 買った食品を使いきる ✪ use up all the food you bought
❏ 食べ残しは家に持ち帰る ✪ take the leftover food home
❏ 売れ残りの食料 [残り物] を廃棄する
✪ throw away unsold food [leftovers]
❏ 廃棄された食べ物を動物 [家畜] の飼料に変える
✪ turn food waste into animal [livestock] feed (▶ feedは名詞で「飼料;えさ」)
❏ 捨てられた食べ物は腐ってメタンガスを出す。
✪ Discarded food rots and produces methane gas. (▶ methane /méθeɪn/)
❏ 残り物を冷蔵庫に入れておく ✪ save the leftovers in the refrigerator
❏ 冷蔵庫の棚には新しい食品は古い物の後ろに置く
✪ place newer food behind older food on the fridge shelf
❏ 消費期限をわずかに過ぎた食品を捨てる
✪ throw away food that is slightly past its expiration date [《英》 expiry date] (▶「賞味期限」は best before date)
❏ 余った食べ物を堆肥にする
✪ compost leftover food (▶ compost /kɑ́(:)mpoust/)

12 環境問題 (3) 汚染、気候変動

汚染、公害

- ❑ 環境汚染に苦しむ ⭘ suffer from environmental pollution
- ❑ 公害の主な原因 ⭘ the main causes of pollution
- ❑ 大気汚染を引き起こす [減らす] ⭘ cause [reduce] air pollution
- ❑ 空気を汚染する ⭘ pollute [contaminate] air
- ❑ 酸性雨による被害 ⭘ the damage caused by acid rain
- ❑ 化学物質の使用 ⭘ the use of chemicals
- ❑ ダイオキシンを発生させる ⭘ produce dioxin (▶ dioxin/daɪɑ́(ː)ks(ə)n/)

気候変動

Basic Vocabulary

気候変動 climate change
地球温暖化 global warming (▶ globalの綴りに注意)

- ❑ 気候変動の主な原因は地球温暖化である。
  ⭘ The main cause of climate change is global warming.
- ❑ 気候変動を防ぐ ⭘ prevent climate change
- ❑ 気候変動対策 ⭘ climate change measures
- ❑ 世界の海面が上昇しつつある。
  ⭘ The world's sea levels are [The level of the world's oceans is] rising.
- ❑ …は海の下に沈んでしまうだろう
  ⭘ ... would be submerged under the sea
- ❑ 二酸化炭素が大気中に放出される。
  ⭘ Carbon dioxide [CO_2] is released into the atmosphere. (▶正式な文書ではCO_2という記号よりcarbon dioxideの方が好まれる)
- ❑ 二酸化炭素の排出を増やす [5%減らす]
  ⭘ increase [reduce] carbon dioxide emissions [by five percent] (▶ byは「差」を表す)

- ❑ 二酸化炭素を出す ➲ emit carbon dioxide
- ❑ メタンの排出量を制限する ➲ limit methane emissions
- ❑ 電気自動車は電気で走るので、音も静かで排気ガスを出さない。
  ➲ Electric cars [vehicles] run on electricity, so they are very quiet and emit no exhaust gases.
- ❑ 電気自動車は製造過程や充電時に大量の電気を消費するので、結果的に二酸化炭素の放出につながっている。
  ➲ Electric cars consume a lot of electricity during the manufacturing process and battery-charging, which lead to carbon dioxide emissions.
- ❑ 温室効果ガス[二酸化炭素]の排出量をゼロにする
  ➲ reduce greenhouse gas [carbon dioxide] emissions to zero
- ❑ 地球温暖化を引き起こす ➲ cause global warming
- ❑ 地球温暖化の影響 ➲ the effects of global warming
- ❑ 温室効果ガスが熱を吸収し地球の表面にそれを送り返す。
  ➲ Greenhouse gases absorb heat and send [radiate] it back to the Earth's surface.
- ❑ 地球の平均気温が1度上昇した。
  ➲ The Earth's average temperature has risen by one degree.
- ❑ 異常気象 ➲ abnormal [extreme] weather
- ❑ 山火事は乾燥している季節に起きやすい。
  ➲ Wildfires [Forest fires] are common during the dry season.
- ❑ 両極の氷が溶けると海面の上昇を引き起こす。
  ➲ The melting of the ice at the Poles increases the sea level.
- ❑ 永久凍土の溶解 ➲ the thawing of permafrost
- ❑ 化石燃料を燃やす ➲ burn fossil fuels
- ❑ もしこのペースで森林伐採が進めば
  ➲ if deforestation continues at this rate
- ❑ 通勤に車の代わりに公共交通機関を使う
  ➲ take public transportation to work instead of driving
- ❑ 炭素税を導入する ➲ introduce a carbon tax
- ❑ 砂漠化が今のペースで進めば
  ➲ if desertification continues at the present rate

13 環境問題 (4) エネルギー、節電

エネルギー

Basic Vocabulary

エネルギーを節約する save energy (▶ energyの発音は /énəɹdʒi/)
電気を使う use electricity

❑ 世界的なエネルギー危機に直面している。
➲ We are facing a global energy crisis.

❑ 電力供給が不足している。➲ Electricity is in short supply.

❑ 計画停電の実施を決定 [予定] する
➲ decide [plan] to conduct [implement] rolling blackouts (▶ rollingは「輪番の」の意味)

節電・節水

❑ 節電を心がける ➲ try to save electricity

❑ 電気代を節約する
➲ save on electricity bills (▶ save onで「節約する」; billは「請求金額」の意味)

❑ 電気代を10%減らす ➲ cut electricity bills by 10% (▶ このbyは差を表す)

❑ なるべく電気を使わないようにする
➲ try to use as little electricity as possible (▶ littleの位置に注意)

❑ …は電気のむだが多い。➲ ... wastes a lot of electricity.

❑ エアコンの代わりに扇風機を使う
➲ use fans instead of an air conditioner (▶ 英語のcoolerは冷却装置のこと。air conditionerは冷暖房両用)

❑ 冷房を弱くする ➲ turn down the air conditioner

❑ サマータイムを導入する
➲ introduce [adopt] daylight saving(s) time in summer (▶《英》ではsummer timeという)

❑ 使っていない部屋の電気を消す
➲ turn the lights off in rooms which aren't being used

❑ 待機電力の損失を減らす ➲ reduce standby energy loss

❑ 電化製品は使わないときはコンセントを抜いておく
➲ keep (electrical) appliances unplugged when they are not in use
(▶ unplugは「プラグを抜く」の意味の動詞)

❑ 冷蔵庫のドアを必要以上に長く開けないこと。
➲ Don't keep the refrigerator door open any longer than you need to.

❑ 歯磨きの間に水道を出しっ放しにしないこと。
➲ Don't leave the tap (water) running while brushing your teeth.

❑ 冷房がよく効いていない職場で働く
➲ work in an office which is not well air-conditioned

❑ 冷房の温度を今より高く設定する
➲ set the air conditioner at a higher temperature

❑ それは慣れの問題だ。 ➲ It's a matter of getting used to it.

❑ 部屋に自然光を入れる ➲ allow [let] natural sunlight into a room

❑ こまめにテレビを消す ➲ turn off the TV often

❑ お風呂の残り湯を洗濯に使う
➲ reuse bath water for laundry (▶ reuseは「再利用する」→p.34)

❑ 充電式の電池を使う ➲ use rechargeable batteries

❑ LED ライトを使う ➲ use LED lights

14 環境問題 (5) 原発、代替エネルギー

原子力発電

- ❏ 原子力発電所［原発］ ○ a nuclear power plant
- ❏ 原子力エネルギーに賛成する ○ approve of nuclear energy
- ❏ 原発推進派 ○ nuclear energy supporters
- ❏ 原子力の方が石炭や石油より安くて大気を汚さない。
  ○ Nuclear power is cheaper and cleaner than coal and oil.
- ❏ 原子力は安全だという神話が崩壊した。
  ○ The myth that nuclear power is safe has been shattered [has crumbled].
- ❏ 原子力なしでもやっていける。
  ○ We can do without nuclear power.
- ❏ 原発を建設することでその地域社会に新しい仕事を生み出すことができる。
  ○ By building nuclear power plants we can create new jobs for the community.
- ❏ 雇用を増やすことでその地域の経済を助ける
  ○ help the local economy by increasing employment
- ❏ その地域の経済は原発に大いに依存している。
  ○ The regional economy relies heavily on the nuclear power plant.
- ❏ 原発受け入れに対する補助金に財政的に依存している地方自治体
  ○ local governments that are financially dependent on subsidies for hosting nuclear power plants
- ❏ 脱原発の方向に動く
  ○ move toward ending [abandoning] nuclear power generation
- ❏ 世界最悪の原発事故 ○ the world's worst nuclear accident
- ❏ すべての原発を廃炉にする ○ decommission all nuclear power plants
- ❏ 原発の再稼働に反対する
  ○ oppose the reactivation of nuclear power plants（▶× oppose to としないこと）

❏ 使用済核燃料を取り出す ➲ remove spent nuclear fuel

❏ 核廃棄物の処理 ➲ disposal of nuclear waste

❏ 核廃棄物を処理する ➲ dispose of nuclear waste

代替エネルギー

Basic Vocabulary

代替エネルギー（源） an alternative energy source / (a source of) alternative energy
（▶ alternativeの発音は /ɔːltə́ːnətɪv/）

再生可能エネルギー（源） a renewable energy source
(a source of) renewable energy

❏ 私たちはすっかり石油に依存するようになった。
➲ We have become totally dependent on oil.

❏ 日本のエネルギー政策は今転換点を迎えている。
➲ Japan's energy policy is now at a turning point.

❏ 日本の総電力の約6割は火力発電だ。
➲ About 60 percent of Japan's total electric power generation comes from thermal power generation.

❏ 原発事故を機に再生可能エネルギーが見直された。
➲ Because of the nuclear accident, renewable energy has been given more credit.（▶ give ... creditで「…を評価する」の意味）

❏ OPEC加盟国の石油埋蔵量はあと80年もつ。
➲ OPEC members' oil reserves will last another 80 years.

❏ いつ石油が尽きるかを問う
➲ ask when oil will run out（▶ run outは「尽きる、なくなる」）

❏ 従来の石炭や石油のような化石燃料と違って
➲ unlike conventional [traditional] fossil fuels like coal and oil

❏ 原発に頼らずに ➲ without relying on nuclear power plants

❏ リスクのないエネルギー源はない。 ➲ No energy source is without risks.

- ❑ 風力発電 ● wind power generation
- ❑ 洋上風力発電 ● offshore wind power generation
- ❑ 揚水発電 ● pumped storage power generation
- ❑ 地熱発電 ● geothermal power generation
- ❑ アンモニア発電 ● ammonia power generation
- ❑ 太陽光発電は環境破壊につながることがある。
  ● Solar [Photovoltaic] power generation can lead to destruction of the environment.
- ❑ 太陽エネルギーを使う［利用する］ ● use [make use of] solar energy
- ❑ ソーラーパネルは家の価値を高める。
  ● Solar panels improve the value of your home.
- ❑ 宇宙太陽光発電システム ● space solar power systems
- ❑ 水素エネルギー ● hydrogen energy

15 科学技術 （1）科学の進歩、発明、非科学

科学の進歩

Basic Vocabulary

科学　science
科学技術；テクノロジー　technology
科学者　a scientist

- ❏ 近代科学 ➲ modern science
- ❏ 基本原則 ➲ basic principles
- ❏ 新しい科学技術のおかげで ➲ thanks to new technology
- ❏ 私たちの生活は驚くほど便利になった。
  ➲ Our lives have become incredibly convenient.
- ❏ 実験や観察によって［を通して］
  ➲ by [through] experiments and observations
- ❏ 科学の証明することをすべて鵜呑みにする
  ➲ believe in everything science proves without question（▶ believe in ...はここでは「…が正しいことを信じる」の意味。without question は「疑問を持たずに」で believe を修飾）
- ❏ それを科学的に証明する ➲ prove it scientifically
- ❏ 自然界の法則を証明する ➲ prove a law of nature
- ❏ 急速な社会や技術の変化についていけない
  ➲ can't keep up with rapid social or technological changes
- ❏ 現象の背景にある理論を知りたい。
  ➲ I want to know [understand] the theories behind the phenomena.（▶「現象」の単数形は phenomenon）
- ❏ 科学者の挑戦 ➲ challenges by scientists
- ❏ 知の限界に挑戦する
  ➲ try to reach the limits of knowledge（▶動詞の challenge は「物事に挑戦する」の意味では使わない）

❑ その理論を支持する ○ support the theory
❑ 自然界の謎 ○ the mysteries of the natural world
❑ ニュートンの理論 ○ Newton's theory

発明

Basic Vocabulary

発明 invention (▶不可算名詞)
発明品 an invention (▶可算名詞)
発明する invent
発見する discover (▶名詞形はdiscovery)

❑ …はすばらしい発明だ。 ○ ... is a great invention.
❑ 電球の発明 ○ the invention of the electric light bulb
❑ 身近な発明品 ○ a common invention
❑ この2000年間で最大の発明
○ the greatest invention of the past two thousand years
❑ 人類に最も大きな影響を与えた発明品
○ the invention that has had the greatest impact on human beings
❑ 発明品がもたらした変化 ○ changes brought about by inventions
❑ 思いがけない発見をする ○ find something you never expected

非科学

❑ 本物の空飛ぶ円盤を見る ○ see a real flying saucer
❑ UFOを信じる
○ believe in UFOs (▶ believe in ...は「…の存在を信じる」の意味。UFOはan unidentified flying object「未確認飛行物体」の略で、そのうちの一つが「空飛ぶ円盤」)
❑ 超能力を信じない ○ do not believe in psychic [supernatural] powers
❑ 迷信を信じる
○ believe in superstitions / be superstitious (▶「縁起をかつぐ」の訳語としても使える)
❑ 奇跡を起こす ○ work a miracle

16 科学技術 (2) AI、ロボット、ドローン活用

A I

Basic Vocabulary

AI、人工知能　AI / artificial intelligence

❑ この仕事はAIに取って代わられるだろう。
● This job will be replaced by AI.（▶ replace ... は「…に取って代わる」の意味）

❑ AIに仕事を奪われる。● AI will take (away) your jobs.

❑ AIは人間より費用がかからず生産性が高い。
● AI is cheaper and more productive than human beings.

❑ AIは病気になったり休暇をとったりしない。
● AI does not get sick or take vacations.

❑ AIには健康保険や退職金が必要ない。
● AI needs no health insurance or retirement allowance.

❑ AIは新しい技術を覚えるのが早い。
● AI can quickly acquire new skills.

❑ AIはミスをしない。● AI does not make mistakes.

❑ AIは単調な反復作業が得意である。
● AI is good at monotonous repetitive tasks.

❑ AIが完全に人間の代わりになる日が来る。
● The day will come when AI completely replaces humans.

❑ AIに頼りすぎる ● rely too much on AI

ロボット

Basic Vocabulary

ロボット　a robot /róubɑt/
ロボットが人間に取って変わる　robots replace humans

- ❑ 型にはまった肉体労働 ➲ routine manual jobs
- ❑ 退屈で危険な仕事を扱う
  ➲ handle dull and dangerous work（▶workは「仕事」の意味では不可算名詞→p.121）
- ❑ あなたの仕事がロボットに取って代わられる。
  ➲ Your jobs will be taken over by robots.（▶take over は「…に取って代わる；後を引き継ぐ」の意味）
- ❑ ロボットの方が（人間よりも）正確である。
  ➲ Robots are more precise [accurate] (than humans).
- ❑ ロボットを遠隔操作する ➲ control a robot from a distance
- ❑ ロボットの使用によって引き起こされた社会変化
  ➲ the social change caused by the use of robots
- ❑ 人為的ミスを減らす［防ぐ］ ➲ reduce [prevent] human errors
- ❑ コスト削減の観点から ➲ from the viewpoint of cost reduction
- ❑ 人と触れ合う機会が減る。
  ➲ We will have fewer chances to interact with other people.
- ❑ 自動化された工場 ➲ an automated factory
- ❑ ガレキの下に閉じ込められた人を助け出すのにロボットを使う
  ➲ use robots to rescue people trapped beneath rubble（▶rubble（ガレキ）は不可算名詞）
- ❑ ロボットは不測の事態には対応できない。
  ➲ Robots cannot handle unexpected situations.
- ❑ ロボットは人間にとって危険な環境で作業が可能だ。
  ➲ Robots can work in environments which are dangerous for humans.
- ❑ ロボットに家事を全部やってもらいたい。
  ➲ I want a robot to do all the housework for me.
- ❑ 人間社会に対して反乱を起こす ➲ revolt against human society

ドローン活用

Basic Vocabulary

ドローン　a drone /dróun/

- ❑ ドローンを飛ばす［使う；操縦する］ ➲ fly [use / operate] a drone
- ❑ 人間が到達できない場所まで飛ぶ
  ➲ fly to places where humans cannot reach
- ❑ 燃えているビルの中に入る ➲ enter a burning building
- ❑ 活火山の火口近くにドローンを飛ばす
  ➲ fly a drone near the craters of active volcanoes
- ❑ 危険な地域を監視する ➲ monitor dangerous areas
- ❑ 災害地域の写真を撮る ➲ take photos of disaster areas
- ❑ 生存者を探す ➲ search for survivors
- ❑ 大量のデータや画像を集める
  ➲ collect vast amounts of data and images
- ❑ 薬や医療品を配達する
  ➲ deliver medicines and medical supplies
- ❑ 放射線を探知し測定する ➲ detect and measure radiation
- ❑ 肥料や殺虫剤を撒《ま》く ➲ spray fertilizers and insecticides
- ❑ 食事を配達するのにドローンを使う
  ➲ use drones to deliver meals

17 科学技術 (3) 無人店舗、キャッシュレス社会

無人店舗

Basic Vocabulary

無人の unstaffed / unmanned

❑ レジ係が必要ない [レジのない] 店
○ cashierless shops [stores] (▶ cashier の発音は /kæʃíə/)

❑ セルフレジを使う ○ use the self-checkout counter

❑ 列に並んで待たずに ○ without waiting in line

❑ 盗難 [万引き] を防ぐ ○ prevent theft [shoplifting]

❑ コスト削減 ○ cost reduction

❑ 人件費を削減する
○ reduce labor [personnel] costs (▶ personnel/pə̀ːsənél/ は「職員」の意味)

キャッシュレス社会

Basic Vocabulary

キャッシュレス社会 a cashless society
キャッシュレス制度 a cashless system
クレジットカードで払う pay by [with a] credit card
(▶ byの場合はaをつけず無冠詞で)
電子マネーで払う [を使う] pay with [use] electronic money [e-money]
オンライン決済システム an online payment system

❑ この店 [ホテル] はクレジットカードだけしか使えない。
○ This store [hotel] only accepts credit cards.

❑ 現金の強奪や盗難関連の犯罪が減る。
○ There will be fewer crimes related to the robbery or theft of cash.

❑ …は盗難のリスクが低い。○ ... has a low(er) risk of theft.

❑ 現金の保管場所が不要だ。 ⭘ You don't need places to store cash.

❑ 海外旅行前に両替が不要だ。
⭘ You don't need to exchange money before traveling overseas.

❑ ハッカーに狙われる対象となる ⭘ become a target for hackers

❑ 銀行口座がない人 ⭘ people who do not have a bank account

❑ 機械が故障する可能性がある。
⭘ There is a possibility of machine trouble.

❑ お金が見えないので金をより多く使いがちだ。
⭘ You tend to spend more money [It's easier to spend more money] because you can't see the cash.

コラム

thingの使いすぎに注意!

生徒の書いた英語を読んでいると、結構な頻度でthingという単語が出てきます。I found an interesting thing.とか、This is a sad thing.といった具合です。

thingを使って悪いということではないのですが、使いすぎると、どこか幼稚な響きがします。このような場合、前者であればI found something interesting.のようにsomethingを使う、後者ならThis is a sad incident. のように具体的な名詞に置き換えるといった方法があります。

ただ特に、後者のようにbe動詞の補語になっているときは、もう一つの手段として、名詞を取り去って、This is sad.のように補語を形容詞だけで書いた方が文がすっきりする場合があります。

なお、形容詞の中にはonlyやmain（主な）などのようにbe動詞の補語になれない語があり、×... is *only*.とか、×... is *main*.とは書けないので注意が必要です。(→これに関しては、文法書で「形容詞の限定用法、叙述用法」という項目を参考にしてください)

18 科学技術 (4) ネット社会･犯罪、情報、ペーパーレス化

ネット社会

Basic Vocabulary

ネット社会 an internet society
ネット上で on the internet / on the net / online
(▶ onlineは「オンラインで」の意味の副詞)
個人情報 personal information
匿名の anonymous
匿名で anonymously

❑ インターネットにアクセスする ○ access the internet

❑ いながらにして
○ without going anywhere / without going out of your house / right where you are

❑ 世界中の人とつながることができる。
○ You can connect to [communicate with] people all over the world.

❑ ネットに関係した問題 ○ internet-related problems

❑ ネットで欲しいものをなんでも購入することができる。
○ You can buy anything you want on the internet [online].

❑ インターネットが普及する以前の社会では
○ in societies before the internet / in pre-internet societies

❑ 蜘蛛の巣のように張り巡らされた ○ be set up like a (spider) web

❑ ファイルのダウンロードに時間がかかる。
○ Downloading files takes time.

❑ ネットがダウンするとほとんど何もできない。
○ If the network is down, you can do almost nothing.

❑ ネット［スマホ］中毒である
○ have an internet [a smartphone] addiction (▶ We are addicted to the internet [smartphones]. という形でも表現可能)

❑ オンラインアンケートを行う ⭘ conduct an online survey
❑ ネット［ウェブ］で…を検索する ⭘ search for ... [look ... up] on the (inter)net [web]

ネット犯罪

❑ 誰か他の人の作品を許可なくコピーする
⭘ copy someone else's works without permission.
❑ サイバー犯罪に巻き込まれる［関わる］ ⭘ get involved in cybercrime
❑ 使っていないサービスに対してお金を請求される
⭘ be billed for services you never received（▶ bill は「請求書を送る」の意味の動詞）

情報

❑ 必要な情報をまたたく間に手に入れることができる
⭘ can obtain the information you need instantly（▶ information は不可算名詞）
❑ 正しい情報と間違った情報を区別する
⭘ distinguish between right and wrong information
❑ 不確実な情報 ⭘ uncertain information
❑ まゆつばものの噂 ⭘ a dubious rumor
❑ 個人情報がネット上に漏れる危険
⭘ the danger of personal information leaking onto the Internet
❑ 偽名で情報を発信する
⭘ use made-up names to transmit information / send a message under a false name
❑ ハッカーがあなたの個人情報に簡単にアクセスしうる。
⭘ Hackers can easily access your personal information.
❑ 電子保存データを悪用する
⭘ misuse electronically-stored information
❑ ビッグデータを有効活用する ⭘ use big data effectively

ペーパーレス化

- ペーパーレス化する ➡ go paperless
- 印鑑を使う慣習を廃止する
  ➡ do away with [abolish] the custom of using personal seals
- 行政手続きをデジタル化する ➡ digitalize administrative procedures
- デジタル形式で保存するのはそれを紙で保存するよりコストがかからない。
  ➡ Storing in digital format is cheaper than storing on paper.
- クラウド上の書類はネットがつながるどんな場所からでもアクセス可能だ。
  ➡ Documents in the cloud can be accessed from anywhere with internet access.

コラム

傑作答案

誰でも経験があると思いますが、テストでわからない部分があるとき、何も書かないで答案を出すよりは、だめもとで何か書いておこう、という気持ちになるものです。特に「和文英訳」問題の場合、ある日本語の語句を英語で何というかわからないから適当な英語を書いておくことは十分ありうることです。

あるとき自分が採点している和文英訳問題の一節に「太る」という日本語がでてきました。put on weightとかgain weightと書ければ立派ですが (→p.170)、こういう日常生活英語は苦手な生徒が多いので、書けない生徒も多いだろうなと予想して採点を始めました。何十枚か採点していたら、その中に、点はあげられないけれどユニーク賞をあげたくなる答案がありました。

その生徒が「太る」の訳語として書いたのは、... become a pig. (笑)。

19 科学技術 (5) テレワーク

テレワーク

Basic Vocabulary

在宅勤務をする　work from home / telecommute / work remotely
テレワーク　telework(ing) / telecommuting
リモートワーク　remote work

❑ テレワークを推奨する企業
● a company that recommends teleworking

❑ ウェブ会議 ● an online [a web] meeting

❑ リモートワークが家族の関係に及ぼす影響
● the effects of remote work on family relationships

Pros & Cons

テレワーク賛成

❑ 通勤時間を節約する [減らす]
● save [cut down on] commuting time

❑ 通勤に時間も費用もかからない。
● There is no commuting time or expense.

❑ 朝出勤の準備をする必要がない。
● You do not have to get ready for going out in the morning.

❑ 通勤する必要がないので節約できる時間が多い。
● You can save a lot of time because you do not have to commute.

❑ 身体に障がいのある人が会社まで行くことを心配しなくてよい。
● People with disabilities do not have to worry about getting to the office.

❑ 自分が最も生産性が高まると思うときに働ける。
◐ You can work when you think you are most productive. / You can work during your most productive times [hours].

❑ 運動する時間が増える。◐ You can have more time to exercise.

❑ 家族といっしょにいる時間が増える。
◐ You can have more time with your family.

❑ 交通渋滞を減らすのに役立つ ◐ help reduce traffic jams

❑ 在宅勤務の方がストレスが少ない。
◐ You feel less stressed working from home.

❑ 家で子どもや高齢の両親の世話をしなくてはならない人に便利だ
◐ benefit those who have to take care of small children or elderly parents at home (▶benefitは「…のためになる」)

❑ オフィスが小さくて済むので家賃が節約できる
◐ can save on rent by having a smaller office (▶save onで「節約する」)

❑ カジュアルな服を着ていられる。◐ You can wear casual clothes.

テレワーク反対

❑ 家では仕事に集中できない。
◐ You cannot concentrate [focus] on work at home. (▶concentrate [focus] onは「…に集中する」)

❑ 管理者が部下の進捗状況を管理するのが容易ではない。
◐ It is hard for managers to monitor their staff's progress.

❑ プライベートと仕事を分けるのが難しい。
◐ It is hard to separate private life and business life.

❑ 仕事に明確な始まりや終わりの時間がない。
◐ Your labor has no definite start or end times.

❑ 上司や同僚との直接の接触が少ない。
◐ You have little direct contact with your boss and coworkers.

❑ テレワークに向かない仕事もある。
◐ Some jobs are not suitable for telecommuting.

20 科学技術 (6) SNS

SNS

Basic Vocabulary

SNS social media（▶SNSという略語はsocial networking serviceの略で、アジア圏では使われるが、欧米では一般的ではない）

❑SNSの利用が増えている。 ➲ Social media use is growing.

❑SNSの使いすぎ ➲ excessive use of social media

❑SNSを通じて知り合う ➲ get to know through social media

❑ツイッターを始める ➲ start using Twitter

❑写真をインスタにアップロードする ➲ upload photos to Instagram

❑動画配信サービス ➲ a movie streaming service

❑ライブ配信 ➲ live streaming

❑重要なコミュニケーションの手段
➲ an important means of communication（▶meansは単複同形。ここではanがあるので単数形→pp.92、144）

❑ビジネス上の関係を築く ➲ build business connections

❑考え方が似た人を見つける ➲ find like-minded people

❑自分の考えを人と共有できる ➲ can share your thoughts with others

❑自分と同じ興味を持つ人と交流する
➲ interact with those who share the same interest as you

❑昔の（学校の）友だちと簡単に連絡がとれる
➲ can get in touch with old (school) friends easily

❑容易に人とつながる ➲ connect with people easily

❑実際に会えない人とつながることができる。
➲ You can connect with people you cannot meet in person.（▶in personは「直接」の意味）

❑ 友だちをつくる [仕事を探す] のに役立つ
 ✪ help you (to) make friends [find jobs]

❑ 情報をネットに向けて発信する ✪ send information to the net

❑ 情報をチャットを通じてリアルタイムで交換する
 ✪ exchange information in real time in the chat box.

❑ ネットに投稿した情報はほとんど誰でも利用できる。
 ✪ The information you post on the Internet is available to almost anyone.

❑ 画像や映像をシェアする ✪ share images and videos

❑ プロフィール画像とユーザーネームだけしか知らない
 ✪ only know someone by their profile pictures and usernames

❑ 不特定多数の人に見られる ✪ be seen by many unspecified people

❑ 人と直接会うことの重要性
 ✪ the importance of meeting people face to face (▶ face to faceは「面と向かって」の意味)

❑ 家で家族と過ごす時間が減る
 ✪ spend less time with family in their homes

❑ ウソの情報を拡散する ✪ spread false information

❑ 正しくないものを信じ込む危険
 ✪ a danger of believing what is not true

❑ スマホの電磁波 ✪ electromagnetic waves from smartphones

❑ 歩きスマホは危ない。
 ✪ Using a smartphone while walking is dangerous.

21 医療 (1) 臓器移植、クローン、再生医療、AI医療、遠隔医療

臓器移植

Basic Vocabulary

臓器移植 an organ transplant
(▶名詞のアクセントは第1音節で /trǽnsplænt/)
臓器提供者; ドナー a donor [an organ donor]
レシピエント a recipient (▶発音は /rɪsípiənt/)

❏ 彼の心臓を他の患者に移植する
➲ transplant his heart into another patient (▶動詞のアクセントは第2音節で /trænsplǽnt/)

❏ 人工臓器の開発 ➲ the development of artificial organs

❏ 脳死の定義 ➲ the definition of brain death

❏ 脳死における倫理上の問題
➲ ethical issues regarding [concerning] brain death

❏ 拒絶反応症状が出る ➲ show signs of rejection

❏ 血液型が同じでなければならない
➲ have to have the same blood type

クローン

❏ —するためにクローン技術を使う
➲ use cloning technology to — (▶ cloningは「クローン技術」自体を指し、それによってできた動物がa clone)

❏ クローン技術を濫用する ➲ abuse cloning (technology)

❏ 羊のクローンを作る ➲ clone a sheep

❏ 医療目的で人間のクローン研究を行う
➲ conduct human cloning research for medical purposes

再生医療

❏ 再生医療 ➲ regenerative medicine

❏ 損傷を受けた細胞、組織、臓器を修復または置き換える
➲ repair or replace damaged cells, tissues or organs

❏ iPS細胞を使う ➲ use iPS cells

❏ 組織や臓器の置換 ➲ the replacement of tissues or organs

AI医療、ロボット

❏ AI医療 ➲ AI healthcare

❏ 医療へのAI応用法 ➲ AI applications in healthcare

❏ AI画像診断 ➲ AI image diagnosis

❏ ロボット支援手術 ➲ robot-assisted surgery

❏ 診断に必要な時間を削減できる
➲ can cut down time needed in diagnosis（▶ cut downは「…の（消費）量を減らす、削減する）

❏ 患者のデータを集めて分析する ➲ collect and analyze patient data

❏ AIは人間の感情がわからない。
➲ AI does not understand human emotions.

❏ 介助ロボット
➲ an assistance robot（▶介助の種類によって、a meal-assistance robot（食事介助ロボット）、a sit-to-stand assistance robot（起立介助ロボット）などがある）/ a life-support robot（▶生活支援ロボット）

遠隔医療

❏ 遠隔医療を使う ➲ use telemedicine

❏ オンライン診療を受ける
➲ get medical care online（▶このonlineは副詞で「オンラインで」の意味→p.12。「オンライン診断」は online diagnosis）

❏ 遠い場所に医療を提供する ➲ provide medical care remotely

❏ 医療費用を安くする ⭘ lower healthcare costs

❏ 場所に関係なく ⭘ regardless of location

❏ 専門医に診てもらえる ⭘ can access specialists

❏ 感染する危険がない
⭘ have no risk of catching [picking up] an infection

❏ 障がいのある人が診察を受けやすくなる
⭘ make it easier for people with disabilities to consult a doctor

遺伝子

❏ 遺伝子治療 ⭘ gene therapy

❏ 遺伝子組み替え実験 ⭘ a gene recombination experiment

22 医療 (2) 健康、ストレス、安楽死、救急車有料化

健康

Basic Vocabulary

健康である be in good health
…は健康によい ... is good for your [the] health

- ❑ 健康に暮らす ⭘ live a healthy life
- ❑ 健康に問題がある ⭘ have health problems
- ❑ 健康を維持する ⭘ stay healthy / maintain your health
- ❑ 一年に一度健康診断を受ける ⭘ have a medical checkup once a year
- ❑ 心身の健康によい ⭘ be good for your mental and physical health
- ❑ 日頃から食事に気をつけている。
  ⭘ I'm always careful about what I eat.
- ❑ 脂っこい食べ物を避けるようにしている
  ⭘ always try to avoid oily [fatty] foods
- ❑ 運動不足が原因で
  ⭘ because of lack of exercise / because I don't get enough exercise
- ❑ 睡眠の質の低下 ⭘ decrease in sleep quality / poorer sleep quality
- ❑ 生活習慣上の問題 ⭘ problems with lifestyle habits
- ❑ 生活習慣病 ⭘ lifestyle diseases
- ❑ 睡眠不足 ⭘ lack of sleep
- ❑ 睡眠を十分とる ⭘ get enough sleep
- ❑ 体内時計が狂っている。 ⭘ Your body [biological] clock is off.
- ❑ 集中力の低下を引き起こす ⭘ cause a decrease in concentration
- ❑ 早死ににつながる ⭘ lead to early death
- ❑ ゆっくりと深呼吸をする ⭘ take a deep breath slowly

ストレス、うつ

- ❑ ストレスに対処する ⭘ deal with [manage] stress
- ❑ 最近ストレスがたまっている。
  ⭘ I've been stressed (out) lately. (▶ be stressed (out)は「ストレスで疲れ切っている」の意味)
- ❑ ストレスの主な原因をつきとめる
  ⭘ identify the main cause of stress
- ❑ ストレスの多い現代社会において ⭘ in today's stressful society
- ❑ 仕事のストレスから解放される ⭘ be released from job stress
- ❑ 何らかのストレス解消法
  ⭘ some ways of getting rid of [ways of relieving] stress
- ❑ 試験勉強のストレス ⭘ the stress of studying for exams
- ❑ 大きなストレスになる ⭘ cause great stress
- ❑ 現代生活のストレスから逃れる ⭘ escape the stress of modern life
- ❑ フラストレーションがたまる。⭘ Your frustration mounts.
- ❑ うつ病の初期症状 ⭘ the early signs of depression
- ❑ うつになりやすい
  ⭘ be likely to develop depression [become depressed]
- ❑ うつ状態である ⭘ have [suffer from] depression
- ❑ 社会復帰する ⭘ reintegrate into society

安楽死

Basic Vocabulary

安楽死 **euthanasia** (▶ euthanasiaは専門用語で、より一般的な語を使ってdoctor-assisted suicideとも言う。euthanasia /jùːθənéɪʒə/の発音は、youth in Asiaと同じだと覚えるとよい)

延命治療 **a life-prolonging treatment**

植物人間 **a human vegetable**

- ❑ 安楽死を選ぶ ⭘ choose euthanasia
- ❑ 脳死状態の患者 ⭘ a patient in a brain-dead state
- ❑ 植物人間になる ⭘ become a human vegetable
- ❑ たとえ植物人間の状態でも ⭘ even in a vegetable state
- ❑ 植物人間状態から戻る希望がない
  ⭘ have no hope of recovering from a vegetative state
- ❑ 患者側の同意 ⭘ consent on the part of the patient
- ❑ 延命治療を希望する ⭘ wish to receive life-prolonging treatment
- ❑ 延命治療を拒否したら
  ⭘ if a patient refuses life-prolonging treatment

救急車有料化

- ❑ 救急車の料金を払わなければならない ⭘ pay for an ambulance
- ❑ 救急車の利用者に料金を請求する ⭘ charge ambulance users
- ❑ 緊急の場合だけ ⭘ only in case of emergency
- ❑ 救急車を呼ぶのをためらう人もいるかもしれない。
  ⭘ Some people may hesitate to call an ambulance.
- ❑ 救急車で病院に搬送される人の数
  ⭘ the number of people taken to hospitals in ambulances [by ambulance] (▶ by ...のときは無冠詞)
- ❑ 近所の病院が閉まっているとき
  ⭘ when your neighborhood clinics are closed
- ❑ 夜開いている医療機関 ⭘ medical institutions that are open at night

23 医療 (3) 医者の志望動機、医師不足、患者との関係

医者の志望動機

Basic Vocabulary

医者　a doctor
医学　medicine (▶「薬学」ではない。「薬学」はpharmacy) / medical science
医学部　the medical department (▶正式な英訳は大学によって異なり、Faculty of Medicine やSchool of Medicine などいろいろな言い方がある)

❏ 医者になりたい理由 ➲ the reason I want to be a doctor

❏ 医学を専攻する ➲ major in [study] medicine

❏ 世の中に貢献する ➲ contribute to the world

❏ 医学に対する強い関心がある
➲ have a strong interest in medical science

❏ 医学知識 ➲ medical knowledge

❏ 患者に寄り添える医者
➲ doctors who can relate to patients (▶ relate to ... は「〈人〉の考えを理解する」)

❏ 発展途上国の医療の状況を改善する
➲ improve medical conditions in developing countries

❏ 国境なき医師団に参加する
➲ join Doctors Without Borders (▶組織名なので大文字で始める。「国境なき医師団」はフランス語だと Médecins Sans Frontières でその略称MSFもよく使われる)

❏ 私の父は開業医だ。➲ My father practices medicine.

❏ 私の父は小さなクリニックを経営している。
➲ My father runs a small medical clinic.

❑ 医療体制が脆弱な発展途上国
◎ developing countries where medical systems are weak

医師不足

❑ へき地の医師不足は深刻化している。
◎ The shortage of doctors in rural areas is getting serious.

❑ 医師不足を解消する
◎ solve [resolve] the shortage of doctors

❑ 医療従事者の不足 ◎ the shortage of healthcare workers

❑ 医者も病院もない島
◎ islands where there is no doctor or hospital

患者との関係

❑ 医者と患者の関係 ◎ a doctor-patient relationship

❑ 患者に病名をふせる
◎ do not tell the patient the name of the disease

❑ 患者にがんを告知する ◎ tell your patient that he has cancer

❑ 患者にがんだと言いにくい
◎ find it difficult to tell their patients that they have cancer

❑ 患者の不安を減らす ◎ reduce your patient's anxiety

❑ 真実を知る権利がある ◎ have the right to know the truth

24 医療 (4)病気、病状、入院、薬、治療

病気、病状

❑ (高)熱が出る ➲ have [develop] a (high) fever

❑ 熱を下げる ➲ reduce [lower] a fever

❑ 37度は微熱だと考える ➲ consider 37 degrees to be a low-grade fever

❑ 熱が38度まで上がると ➲ if your temperature goes up to 38 degrees

❑ 私の平熱は36.5度だ。➲ My normal temperature is 36.5 degrees.

❑ 2、3日前から熱がある。
➲ I've had a fever for a few days. (▶「…前から」をsince] agoと書くのは避けた方がよい)

❑ 1日中気分が悪い。
➲ I haven't been feeling well all day. / I've been feeling sick all day.

❑ 風邪が治った。➲ I've recovered from my cold.

❑ その病気から奇跡的に回復する
➲ miraculously recover from the disease (▶ diseaseを× desease と綴る誤りは多いので注意。diseaseはdis(否定)+ ease(楽)で、「気分が楽ではない状態」のこと)

❑ 夫の容体が悪くなった。
➲ My husband's condition got worse.

❑ 花粉症の季節の間
➲ during the pollen allergy season (▶「私は花粉症だ」はI'm allergic to pollen.)

❑ インフルエンザにかかる[かかっている] ➲ get [have] the flu

入院

❑ 2か月間入院する ➲ be hospitalized for two months

❑ リハビリのために入院する
➲ be admitted to the hospital for rehabilitation

❑ 入院費がかさむ。➲ Hospital bills pile up.

- ❑ 病院のベッドに空きがない。 ○ No hospital beds are available.
- ❑ ベッドが空くのを待つ ○ wait for a hospital bed
- ❑ 自宅療養して入院を待つよう言われる
  ○ be asked to stay at home and wait to be admitted to the hospital
- ❑ いつ退院できますか? ○ When can I go home [get discharged]?
- ❑ 父は入退院を繰り返している。
  ○ My father has been in and out of the hospital.

薬、治療

- ❑ 薬を飲む ○ take medicine (▶drinkは使わない)
- ❑ 薬剤師になる ○ become a pharmacist
- ❑ …の治療薬を開発する ○ develop a medicine for ...
- ❑ 薬をどっさり渡される ○ be given a lot of medicine
- ❑ 薬づけの状態だ ○ have to take too much medicine
- ❑ 市販の風邪薬を飲む
  ○ take an over-the-counter cold medicine (▶over-the-counter は「〈薬などが〉薬局で処方箋なしで買える」の意味)
- ❑ 認知症の薬として承認される
  ○ be approved as a medicine for dementia
- ❑ 副作用の危険性が高まる。 ○ The risk of side effects increases.
- ❑ がんを早期に発見する ○ detect cancer at an early stage
- ❑ 抗がん剤治療を受ける ○ receive an anticancer drug treatment
- ❑ 心臓手術を受ける ○ have a heart operation
- ❑ 点滴を受けた。
  ○ I was given [I got] an IV (drip). (▶IVはintravenousの略。単にdripとも言う)
- ❑ 検査機器 ○ testing equipment
- ❑ 症例を分析する ○ analyze the case
- ❑ 有効な治療方針を確立する
  ○ establish effective treatment plans [an effective policy for treatment]
- ❑ 医療費 ○ medical expenses [bills]

25 医療 (5) 感染症、感染症の予防、ワクチン

感染症

Basic Vocabulary

感染症　an infectious disease

❏ 感染症拡大を防止する ➲ prevent the spread of the infectious disease
❏ 徹底的な感染症対策をする
➲ take thorough anti-infection measures（▶ thorough /θə́ːrou/ は「徹底的な」の意味の形容詞）
❏ 感染拡大のリスクを下げる［減らす］
➲ lower [reduce] the risk of infection spread
❏ 感染者の増加 ➲ an increase in the number of infected people
❏ 感染力が強い ➲ have (a) high infectivity
❏ クラスターの発生を防ぐ
➲ prevent an outbreak (of infectious disease)（▶ outbreak は「患者数の急増」のこと）
❏ 自然界に潜んでいたウイルス ➲ viruses lurking in nature
❏ 医療崩壊を引き起こす
➲ cause hospitals to be overwhelmed（▶ overwhelm は「(数の多さで) 圧倒する」の意味）
❏ 病院のベッドが足りなくなる
➲ cause [lead to] a shortage of hospital beds
❏ 制限を解除［緩和］する ➲ lift [ease] restrictions
❏ 休業要請により ➲ due to a business suspension request
❏ 基礎疾患のある人 ➲ people with underlying medical problems
❏ 新型コロナの後遺症に苦しむ
➲ be suffering from the after(-)effects of COVID-19
❏ 病気が学校中に広がるのを防ぐ
➲ keep the disease [illness] from spreading throughout the school
❏ 緊急事態宣言を出す ➲ declare a state of emergency

感染症の予防

Basic Vocabulary

手を洗う　wash your hands
マスクをする　wear a (surgical) mask

- ❑ 手をよく洗う ⭘ wash your hands very well [thoroughly]
- ❑ せきやくしゃみをするとき口をそでで覆う
  ⭘ cover your mouth with your sleeve when you cough or sneeze
- ❑ できるだけ頻繁に部屋の換気をする
  ⭘ air (out) the room as often as possible (▶ airは「換気する」の意味の動詞)
- ❑ 不要不急の外出を控える
  ⭘ refrain from going out unless absolutely necessary [urgent and unavoidable] / avoid non-essential travel (▶ このtravelは「移動」の意味)
- ❑ マスクを買いだめする ⭘ stockpile face masks
- ❑ マスクはウイルスが拡散するのを防ぐのに役立つ
  ⭘ wearing masks can help prevent the spread of a virus
- ❑ ソーシャルディスタンスを保ちながら
  ⭘ while maintaining [practicing] social distancing (▶ social distance という用語も英語にあり、この意味で使われることもあるが、たいていは自分と異なる個人・集団に接する際の親密度、許容度を表す社会学の用語として使われる)
- ❑ 濃厚接触を避ける ⭘ avoid close contact (with someone)
- ❑ 三密を避ける
  ⭘ avoid the Three Cs (▶ Crowded places, Close-contact settings, Confined and enclosed spacesのこと)
- ❑ 学校を閉鎖 [再開] する ⭘ close [reopen] schools
- ❑ 握手の代わりに肘をぶつけ合う
  ⭘ do an elbow bump instead of a handshake
- ❑ 公共交通機関を避ける ⭘ avoid public transportation
- ❑ …をアルコールで消毒する ⭘ sanitize ... with alcohol
- ❑ 飛沫感染を防ぐ ⭘ prevent droplet infection
- ❑ 集団免疫ができるのを待つ
  ⭘ wait for herd immunity (to develop [take effect])

❑ 観客を入れずに全試合が行われた。
✪ All the games were played behind closed doors (▶ played behind-closed-doors games のようにハイフンをつけて形容詞的にも使える)

❑ 水際対策を徹底する
✪ impose strict prevention measures at ports and airports (▶直訳すると「港や空港で厳しい予防策を課す」。特に決まった訳語はないので、状況に応じて quarantine measures (隔離措置) とか immigration restrictions (入国制限) など具体的な語句で説明的に訳すことも必要)

❑ その都市全体をロックダウンする
✪ lock down the whole city / put the whole city on lockdown (▶「解除する」は lift the lockdown)

❑ 国境を閉鎖する ✪ close (national) borders

ワクチン

Basic Vocabulary

ワクチン vaccine /væksíːn/ (▶「ワクチンの予防接種」は vaccination /vӕ̀ksɪnéɪʃ(ə)n/)

ワクチンをうつ get vaccinated /vǽksɪnèitid/

❑ ワクチンの副作用 [副反応] を心配する
✪ worry about the side effects of vaccines

❑ …に対する抗体を作る ✪ create [develop] antibodies against ...

❑ ワクチンの開発を急ぐ ✪ speed up [rush] the development of the vaccine

❑ ワクチンの有効性のデータ ✪ vaccine effectiveness data

❑ 国産ワクチン ✪ domestically produced vaccines

❑ ワクチンの安全性が保証されたら
✪ if the safety of the vaccine is guaranteed

❑ 病気の重症化を防ぐ ✪ prevent the disease from becoming severe

❑ ワクチンに関するデマを信じる ✪ believe false rumors about vaccines

❑ ワクチンの中に異物が見つかった。
✪ Foreign bodies were found in the vaccines.

❑ インフルエンザの予防接種をする ✪ get the flu shot

26 社会問題 (1) 政治、選挙、政治への無関心

政治

Basic Vocabulary

政治 politics
政党 a (political) party
内閣 a cabinet
国会、議会 the Diet (▶日本など) / Congress (▶米国など) / Parliament (▶イギリス、カナダなど)

❑ 日本政府 ⭘ the Japanese government

❑ 日本の首相 ⭘ the prime minister of Japan / Japan's prime minister

❑ 与党と野党 ⭘ the ruling party and the opposition parties

❑ 新党を立ち上げる ⭘ launch a new political party

❑ 失言が原因で辞任する
⭘ resign over a controversial [offensive / insensitive] remark

❑ 内閣支持率が下がった [上がった]。
⭘ The cabinet's approval rating has dropped [risen]. (▶ risenの発音は/rízn/)

❑ 働き方改革を促進する ⭘ promote work style reform

❑ これは民主主義の精神に反する。
⭘ This is against the spirit of democracy.

❑ 情報の開示を請求する ⭘ request disclosure of information

選挙、投票率

Basic Vocabulary

選挙 election
投票する vote
選挙権 the right to vote

❏ 選挙に行く ➲ go to vote

❏ 投票率が上がる。➲ The voting rate will rise.

❏ 選挙年齢の引き下げ ➲ the lowering [reduction] of the voting age

❏ 若者に選挙権を与える ➲ give the right to vote to young people

❏ 選挙年齢を20歳から18歳に引き下げる
➲ lower the voting age from 20 to 18

❏ 18歳になったとき ➲ when you turn 18

❏ 18歳の多くは高校生か大学生である。
➲ Many 18-year-olds are high-school or college students.

❏ 20歳以上の人 ➲ people who twenty or older

❏ 投票する権利 [選挙権] があるべき ➲ should have the right to vote

❏ 若者の声が政治にもっと反映されるようにする
➲ make sure that the voices of young people are more reflected in politics

❏ 投票で政治指導者を選ぶ ➲ choose their political leaders by voting

❏ 彼らには自分たちの代表者を選ぶ責任がある。
➲ They are responsible for choosing their representatives.

❏ 無党派層からの支持 ➲ support from independent voters

❏ 選挙結果に影響を与えない ➲ will not affect the election results

❏ 電子 [オンライン] 投票を導入する
➲ introduce electronic [online] voting / introduce e-voting

❏ アメリカ大統領選挙 ➲ the US presidential election

政治への無関心

❏ 若者の政治的無関心 ➲ political apathy among the young

❏ 政治のことをよく知らない ➲ don't know much about politics

❏ 若者の政治への関心を高める
➲ raise young people's interest in politics

❑ 政治［社会問題］に関心を持つ若者が増える。
○ More and more young people will become interested in politics [social issues].

❑ 間接的に政治に参加できる ○ can take part in politics indirectly

❑ 自分の1票で［自分の暮らしは］何も変わらないと思っている人もいる。
○ Some people feel that their one vote will make no difference [will not make any changes to their lives].

コラム

例文集の暗記

英語学習のどこかの段階でぜひやってほしいことが、ある程度の量の英文の暗記です。ところが、英文の暗記を勧めた生徒からよく聞く声が「この例文集、始めから全部覚えなければだめですか？」というものです。

もちろん全部覚えるに越したことはないのですが、よくあるのは、例文集の最初から、5文型、時制、助動詞、...とやっていくうちに途中で飽きてしまう、というケースです。私は、そんな生徒には「例文集は何も最初から順番にやる必要はないよ。とりあえず、自分が今学校で学習している単元と並行して覚えたら？」とアドバイスします。

例文集に取り組む際は、自分が暗記しようとする英文の、単語、発音、そして文法的なしくみがしっかりわかっている必要がありますから、自分が今学習中の文法単元と関係のある英文から覚えていくのが覚えやすいのではないでしょうか。

また、ある程度、力のある生徒には「自分が苦手な分野、たとえばもし -everとかno matter wh- とかが苦手なら、その単元の例文から始めてみては？」とアドバイスします。

いずれにせよ、自分が本当に覚えるべき単元にたどり着く前にギブアップしてしまっては意味がないですからね。

27 社会問題 (2) 高齢化社会、介護、人口

高齢化社会、長寿

❏ 日本は高齢化社会になりつつある。
➲ Japan is becoming an aging society. (▶ aging は通例名詞の前で「高齢化する、年老いてきた」の意味)

❏ 高齢化社会に暮らしている ➲ live in an aging society

❏ 高齢化社会を支える ➲ support the aging society

❏ 日本は世界で最も高齢化が進んでいる国だ。
➲ Japan is the world's most rapidly aging society.

❏ 社会の急速な高齢化が進むにつれて ➲ with the rapid aging of society

❏ 日本人の平均寿命は世界一だ。
➲ Japan's average life expectancy is the highest in the world.

❏ 高齢者の割合 ➲ the proportion of the elderly [old]

❏ 年金生活をする ➲ live off [live on] a pension

❏ 年金制度 ➲ a pension system

❏ 健康で長生きをする ➲ live long in good health

❏ 歳をとったら
➲ when I'm old (▶ × if を使うと「(歳をとるかどうかわからないが) もしとったら」の意味になる)

❏ 体力の衰えを感じる。
➲ I feel I'm losing my energy. / I have less energy than I used to have.

❏ バリアフリーの施設を増やす ➲ build more barrier-free facilities

介護

❏ 介護サービスを充実させる ➲ improve nursing care services

❏ 祖母の介護をする ➲ care for my grandmother (▶ for を忘れないこと)

❑ 介護師の数が足りない ⭘ be short of care [healthcare] workers

❑ 介護離職する ⭘ leave your job to care for someone

❑ 車椅子の生活になる ⭘ be confined to a wheelchair

❑ 父は車椅子生活です。

⭘ My father uses a wheelchair. (▶ useを現在形で使うことで日常的に車椅子を使っていることが表せる)

❑ 寝たきりのお年寄り ⭘ bedridden old people

❑ 祖父の認知症が進んでいる。

⭘ My grandfather's dementia is progressing.

❑ 親の面倒を見る ⭘ take care of [look after] your parents

❑ 老人ホームに空きがない。

⭘ There are no vacancies in nursing homes.

人口

❑ 日本の人口 ⭘ the population of Japan

❑ 数十年後に世界の人口は減少に転じるだろう。

⭘ In a few decades world [the world's] population will begin to decline.

❑ 人口増加に歯止めをかける ⭘ slow the population increase

❑ 65歳以上の人口

⭘ the population aged 65 (years) or older (▶ このagedは「…歳の」の意味で発音は /éɪdʒd/。「老いた」の意味のaged/éɪdʒɪd/との発音の違いに注意)

28 社会問題 (3) 経済、税金、ベイシックインカム

経済

❑ 著しい経済発展をとげる
➲ achieve remarkable economic development

❑ 20世紀後半の日本の急速な経済発展
➲ the rapid economic development of Japan in the second half of the 20th century

❑ 1970年代初め日本で深刻なインフレが起こった。
➲ At the beginning of the 1970s, serious inflation occurred in Japan.
(▶ occurの過去形は語尾のrを重ねることに注意)

❑ 日本の経済が回復するきざし
➲ a sign that Japan's economy will recover

❑ 不景気が理由で ➲ because of the recession

❑ 日本は物価が高い。➲ Prices are high in Japan.

❑ 貧富の差が拡大した。
➲ The gap between rich and poor has widened.

❑ 格差社会
➲ an economically unequal [divided] society / a society with economic disparity

❑ ギリシャの財政危機 ➲ Greece's financial [debt] crisis

❑ 仮想通貨で儲ける
➲ make money with virtual currency (▶仮想通貨はcryptocurrency (暗号通貨) と呼ばれる場合もある)

❑ 1万円札 ➲ a ten thousand yen bill [note / banknote]

❑ それ日本円でいくら? ➲ How much is that in yen?

税金

❑ 税金を収める ➲ pay taxes

❏ 税金が免除される
➲ be exempted from taxes / receive a tax exemption

❏ 消費税を再び上げる ➲ raise the consumption tax again

❏ 一時的な措置として消費税率を下げる
➲ lower the consumption tax rate as a temporary measure

ベイシックインカム

Basic Vocabulary

ベイシックインカム制度を導入する　introduce a basic income system
最低収入を保証する　guarantee a minimum income
貧富の差をなくす　bridge the gap between the rich and (the) poor / bridge the wealth gap
経済的不平等　economic inequality

❏ 国民に一律一定金額を定期的に支給する
➲ pay a fixed amount of money to every citizen on a regular basis [at regular intervals]

❏ 同じ額の現金をもらう ➲ get the same amount of cash

❏ 最低賃金を設定する ➲ set the minimum wage

❏ 雇用を促進する ➲ encourage employment

❏ (基本的) 生活必需品を買うのに十分なお金を人々に与える
➲ give people enough money for their basic necessities

❏ 累進所得税率を上げる
➲ raise the tax rate of the progressive income tax system

Pros & Cons

ベイシックインカム賛成

❏ 貧困と収入の不平等を減らす
➲ reduce poverty and income inequality

❏ 経済格差を減らす ➲ reduce the economic gap

❑ お金を稼ぐためだけに苦労している多くの人を助ける
⭘ help a lot of people that are struggling just to earn money

❑ 受給者の健康を促進させる ⭘ improve the health of recipients

❑ 日本国憲法第25条によると、すべての国民は健康で文化的な最低限度の生活を営む権利がある。
⭘ According to Article 25 of the Constitution of Japan, all people have the right to maintain the minimum standards of wholesome and cultured living. (▶日本国憲法の公式の英訳はall people shall have ... とshallが入っている)

❑ 全員の所得を貧困ライン以上にする
⭘ bring everyone's income above the poverty line

ベイシックインカム反対

❑ 仕事に行かなくていいなら誰も行かない。
⭘ No one would go to work if they didn't have to.

❑ 仕事へのやる気をそぐ
⭘ remove the incentive [motivation] to work

❑ 世の中は何もしない怠け者だらけになる。
⭘ The world would be full of lazy people doing nothing.

❑ お金の価値がわからなくなる。
⭘ You would not learn the value of money.

❑ そのお金を必要のないものに使いたくなる。
⭘ You would be tempted to spend that money on things you don't need. (▶be tempted to —は「—したくなる、—する気にさせられる」の意味)

❑ 酒やドラッグやギャンブルなどに結局そのお金を使ってしまう。
⭘ You would end up spending that money on alcohol, drugs or gambling. (▶end up —ingは「結局—することになる」)

29 社会問題 (4) 法律、犯罪、青少年犯罪、死刑、司法取引

法律

Basic Vocabulary

法律 a law
弁護士 a lawyer
裁判 a trial
裁判所 a court

- ❏ 司法試験に受かる ○ pass the bar exam
- ❏ …は法律上許されていない。○ ... is legally not acceptable.
- ❏ —するのは違法 [合法] だ。○ it is illegal [legal] to —.
- ❏ 日本国憲法第9条 ○ Article 9 of the Constitution of Japan
- ❏ 憲法を改正する ○ revise [amend] the Constitution
- ❏ 自衛隊を…へ派遣する ○ send the Self-Defense Forces to ...
- ❏ 裁判員制度 ○ the lay judge system (▶ layは「素人の」の意味)

犯罪

- ❏ (重大な) 犯罪を犯す ○ commit a (serious) crime
- ❏ 犯罪を防ぐ ○ prevent a crime
- ❏ 警察にくわしい事情を説明する ○ explain the details to the police

青少年犯罪

- ❏ 青少年犯罪の発生率
  ○ the rate of juvenile delinquency (▶ juvenile delinquency /dʒúːvənàɪl dɪlíŋkwənsi / は「青少年犯罪」の意味)
- ❏ 青少年犯罪の増加
  ○ an increase in the number of crimes committed by teenagers / an increase in juvenile delinquency

❑ 法的な成人年齢 ⭘ the legal age of majority

❑ 若者が犯罪を犯す要因
⭘ factors that lead young people to commit crimes

❑ 忍耐力の欠如 ⭘ lack of patience

❑ 校内で暴力をふるう ⭘ act violently at school

❑ テレビで暴力を見れば見るほど暴力に対する感覚が鈍る。
⭘ The more violence you see on television, the less sensitive you become to it.

❑ テレビをつける度に ⭘ every time you turn on television (▶ every time は (接続詞的に)「…する度に」)

死刑

Basic Vocabulary

死刑　the death penalty (▶ penaltyの強勢は第1音節で/pén(ə)lti/) / capital punishment (▶「極刑」の意味)
日本の死刑制度　Japan's death penalty system
死刑 (制度) を廃止する　abolish [ban] the death penalty
死刑を執行する　carry out an execution (▶ 発音は/èksɪkjúːʃ(ə)n/) / execute (▶発音は/éksɪkjùːt/。他動詞なので目的語に〈人〉が必要)

Pros & Cons

死刑制度賛成

❑ 死刑を認める ⭘ approve of the death penalty

❑ 犯罪を減らす手助けをする ⭘ help reduce crime

❑ 犯罪の数を減らす ⭘ reduce the number of crimes

❑ 犯罪の抑止力として機能する
⭘ act [serve] as a crime deterrent [a deterrent to crime] (▶ deterrent /dɪtə́ːrənt/ to ... は「…を阻止するもの」の意味)

❏ 犯罪を繰り返す傾向がある ➲ tend to repeat crimes
❏ 犯罪の発生率が高い国
➲ countries with high crime rates / countries where crime rates are high
❏ 犠牲者の遺族を安心させる ➲ provide relief for victims' families

死刑制度反対

❏ 冤罪の場合に ➲ in case of false charges（▶ chargeは「告発」の意味）
❏ 重大な犯罪で誤って有罪判決を受ける
➲ be wrongly [mistakenly] convicted of serious crimes（▶ be convicted of ...は「…で有罪判決を受ける」の意味）
❏ 犯していない犯罪で無実の人が処刑される危険がある。
➲ There is a danger of innocent people being executed for crimes they did not commit.
❏ 犠牲者の遺族の喪失を埋め合わせるのに何の役にも立たない
➲ do nothing to compensate for a victim's family's loss
❏ 終身刑を科す
➲ give someone lifetime imprisonment [a life sentence]（▶ a life sentenceは「終身刑」の意味）
❏ 終身刑の方が死刑の代替手段としてより適切である。
➲ Life imprisonment would be more appropriate as an alternative to the death penalty.

司法取引

Basic Vocabulary

司法取引　a plea bargain（▶ pleaの発音は/plíː/）

❏ 司法取引を受け入れる ➲ take a plea bargain
❏ 司法取引制度を導入する ➲ introduce a plea-bargaining system
❏ 検察官と被告人 ➲ a prosecutor and a defendant

❑ 容疑について罪を認める
 ● plead guilty to charges（▶plead C to ...で「…に対してCだと認める」。guiltyは形容詞で補語）

❑ 自分の有罪を認める ● admit that you are guilty

❑ 刑を軽くするのと引き換えに ● in exchange for a lighter sentence

❑ 裁判が長引くのを避ける ● avoid a prolonged [lengthy] trial

❑ 検察官の仕事量を減らす ● reduce the workload of the prosecutors

❑ その人には犯罪歴が一生残る。
 ● The person will have a criminal record for the rest of their life.

❑ 偽の証言をする ● make false statements

❑ 他人に不利な証言をするのと引き換えに
 ● in return for testifying against others

❑ その制度の悪用を避ける ● prevent abuse of the system

30 社会問題 (5) 人権、プライバシー侵害、防犯カメラ

人権

- ❏ 人権の保護 ◆ the protection of human rights
- ❏ 人権の原理 ◆ the principles of human rights
- ❏ 人権問題が理由で ◆ because of human rights issues
- ❏ マイノリティーという概念 ◆ the concept of minority
- ❏ 社会的弱者を守る
  ◆ protect the socially weak（▶ weakは形容詞でtheをつけて「弱者」の意味）
- ❏ 社会的弱者になる
  ◆ be classified into the socially vulnerable（▶ vulnerableは「非難や攻撃の対象になりやすい」の意味）
- ❏ LGBTの権利を守る
  ◆ protect LGBT rights（▶ LGBTはLesbian, Gay, Bisexual and Transgenderの頭文字をつなげた略語）

プライバシー侵害

Basic Vocabulary

プライバシーの侵害 an invasion of privacy / a privacy invasion

- ❏ プライバシーを守る［保護する］ ◆ protect your privacy
- ❏ プライバシーを侵害する ◆ violate your privacy
- ❏ プライバシーの侵害を制限する ◆ limit privacy invasions
- ❏ 未成年なので名前が伏せられる
  ◆ your name is withheld because you are a minor（▶ withholdは「〈証拠・情報など〉を公表しない、隠す」）
- ❏ 個人情報を保護する ◆ protect personal information
- ❏ 個人情報保護法 ◆ Act on the Protection of Personal Information

防犯[監視]カメラ

Basic Vocabulary

防犯 [監視] カメラ

a security [surveillance] camera / a CCTV camera (▶CCTVはclosed-circuit televisionの略で館内監視用テレビシステムの一種。日本語ではこのCCTVという略語を「防犯 [監視] カメラ」の意味で使う)

- ❑ 防犯カメラを買う ◯ buy a security [surveillance] camera
- ❑ その店には防犯カメラがたくさんある。
  ◯ The store has many security cameras.
- ❑ オフィスに防犯カメラを設置する ◯ install CCTV cameras in your office
- ❑ 防犯カメラに映るのを避ける
  ◯ avoid being seen on a surveillance camera
- ❑ 防犯カメラの映像を使って容疑者の足取りをつかむ
  ◯ find the movements [route] of the (criminal) suspect using surveillance camera videos
- ❑ 顔認証機能を備えたカメラ
  ◯ cameras equipped with facial recognition
- ❑ データや画像を収集する ◯ collect data and images
- ❑ 不審な人物を感知するセンサー
  ◯ a sensor that detects a suspicious person
- ❑ その映像をモニターに送る ◯ send the picture to the monitor
- ❑ 従来の監視カメラ ◯ a traditional surveillance camera

Pros & Cons

防犯カメラ賛成

- ❑ 犯罪抑止効果がある
  ◯ have a crime deterrent effect / help reduce crime / have a deterrent effect on crime
- ❑ 私たちをテロから守る ◯ protect us from terrorism

❑ 犯罪者を捕まえられる可能性は高くなる。
➲ The chances of catching the criminal are much higher.

❑ 無実を示す手助けをするために使える
➲ can be used to help show someone's innocence

❑ 公共の安全を高める［保証する］
➲ improve [guarantee] public safety

❑ 公共の場所での犯罪を防ぐ ➲ prevent crime in public areas

防犯カメラ反対

❑ 防犯カメラはプライバシーの侵害である。
➲ Security cameras are an invasion of privacy.

❑ どこへ行くのにも追跡されている。
➲ You are being tracked everywhere you go.

❑ 個人的な目的で…を悪用する ➲ abuse ... for personal purposes

❑ 画面を監視するのは退屈である。
➲ Monitoring video screens is boring.

31 社会問題 (6) 男女同権

男女同権

Basic Vocabulary

男女平等　gender equality / equality between men and women
男女同権　equal rights for men and women
性差別　gender discrimination

- 男女平等を実現する ➡ achieve [realize] gender equality
- 男女平等の実現を加速する
  ➡ accelerate the realization of gender equality
- 男女平等実現への障壁 ➡ the barriers to [× of] gender equality
- 日本は男女平等が遅れている。
  ➡ Japan is behind in gender equality.
- 女性の政治への参加率の低さ
  ➡ women's low rates of participation in politics
- 議会における女性の割合
  ➡ the percentage of women in Parliament
- その社会の男女平等の程度によって影響を受ける
  ➡ be affected by the degree of gender equality in the society
- 日本人男女の収入格差
  ➡ the income gap between Japanese men and women
- ジェンダーステレオタイプを払拭する ➡ remove gender stereotypes
- 親が持つ男女の固定観念 ➡ gender stereotypes held by parents
- 管理職のほとんどが男性である社会
  ➡ a society where those in administrative [management] positions are mostly men

32 社会問題 (7) 社会、国際関係、戦争、テロ、平和

社会

❏ 社会の調和を生み出す ⭘ produce social harmony

❏ 社会共通のルール ⭘ common rules of society

❏ 社会の負の側面 ⭘ the negative aspects [sides] of societies

❏ 社会の成熟度を示す ⭘ show the maturity of society

❏ 社会の一員である。 ⭘ You are a member of society.

❏ 同質の社会で生きる ⭘ live in a homogeneous society

❏ 社会構造の変化 ⭘ changes in social structure

国際関係

❏ 国際関係を専攻する ⭘ major in international relations

❏ 国際感覚を養うべきだ。
⭘ You should be more internationally minded.

❏ この国際化の時代に ⭘ in this age of internationalization

❏ アメリカ大統領 ⭘ the US president

❏ 日米間の誤解 ⭘ misunderstanding between the US and Japan

戦争

❏ 第二次世界大戦終結以来
⭘ since the end of the Second World War [of World War II] (▶ II は two と読む)

❏ 戦争経験のない世代 ⭘ a generation that has no experience of war

❏ 戦争のない世界 ⭘ a world without war

❏ その村はイタリア軍によって爆撃された。
⭘ The village was bombed by the Italian army.

❏ 無差別爆撃 ⭘ an indiscriminate bombing

❏ 内戦 ◎ the civil war

❏ 広島は戦争で初めて原爆が投下されたところだ。
◎ Hiroshima is where the first atomic bomb was dropped in war. (▶ whereは先行詞を含んだ関係副詞)

テロ

❏ テロ攻撃に巻き込まれる ◎ be involved in a terrorist attack

❏ 自爆テロ ◎ a terrorist suicide bombing

❏ 無差別テロ攻撃 ◎ an indiscriminate terrorist attack

❏ 我々はテロに屈しない。◎ We will not give in to terrorism.

平和

❏ 世界平和を願う ◎ wish for world peace

❏ 平和を可能にする ◎ make peace possible

❏ 平和で安定した社会を築く ◎ establish a peaceful and stable society

❏ 世界の平和を脅かす
◎ threaten the peace of the world / threaten world peace

❏ 平和的抗議行動が暴力に変わる。◎ Peaceful protests turn violent.

❏ 核兵器廃絶に向けて努力する
◎ work hard to abolish nuclear weapons

❏ 国連加盟国 ◎ members of the United Nations

❏ 修学旅行で原爆ドームを訪れる
◎ visit the Atomic Bomb Dome for our school strip (▶「広島平和記念館」はthe Hiroshima Peace Memorial Museum)

❏ 原爆の恐ろしさを伝える ◎ convey the horror of the atomic bomb

33 災害　災害、地震、津波、台風

災害

Basic Vocabulary

災害　a disaster
…に深刻な被害を与える　cause serious damage to ...
（▶「与える」に動詞giveは使えないことに注意）

❑ わが国は様々な災害に見舞われてきた。
○ Our country has been hit [struck] by various disasters.（▶ struckはstrike（〈災害が地域を〉襲う）の過去分詞）

❑ 事前に避難経路を確認する
○ check your escape [evacuation] routes in advance

❑ 捜索救助活動を終える ○ end search and rescue activities

❑ ツイッターで情報を集める
○ collect [gather] information from Twitter

❑ 間違った情報に振り回される ○ be misled [fooled / deceived] by wrong [false] information（▶ misledはmislead（誤った考えを持たせる）の過去分詞）

❑ 家族に電話しようとしたが通じなかった。
○ I tried to call my family, but the phone did not work.

❑ 身元不明の遺体 ○ unidentified dead bodies

❑ 復興計画 ○ a recovery plan [program]

❑ 二次災害を警戒する ○ be prepared for secondary disasters

❑ 仮設住宅で暮らす ○ live in temporary housing

❑ …に救援物資を送る ○ send relief supplies to ...

❑ 救助犬 ○ a rescue dog

❑ その光景を見てぞっとした。○ I was shocked [horrified] by the sight.

❑ すべての財産を失った。○ I lost all my property [possessions].

❑ 歩いて帰宅しなければならない ○ have to walk home

❑ 避難命令が出された。 ➲ Evacuation orders were issued.

❑ 広域停電 ➲ widespread power outage [failure]

❑ 生きているだけで幸せだった。 ➲ I was happy just to be alive.

❑ フライトが欠航となった。 ➲ Flights were canceled.

地震

Basic Vocabulary

地震 an earthquake

大地震 a strong earthquake (▶大きいことを表す形容詞は他にmajor, huge, powerfulなど)

地震が起きる an earthquake occurs [happens] (▶occurは過去形にするときrを重ねてoccurredとなることに注意)

❑ 地震を怖がる ➲ be afraid of earthquakes

❑ 地震を予知する ➲ predict earthquakes

❑ 地震に備える ➲ prepare for earthquakes

❑ 余震に注意する ➲ be careful of aftershocks

❑ 地震の犠牲者［震災の被災者］ ➲ earthquake victims

❑ 家具を倒れないように固定する
➲ secure your furniture so that it won't fall over (▶fall overは直立する物の正面が横になって地面に接するような倒れ方、fall downは家や建物が崩壊する場合、または高い所にある物が落下する場合に使う)

❑ ビルが倒壊した。 ➲ Buildings collapsed.

❑ 震災地に自衛隊を派遣する
➲ dispatch SDF troops to quake-hit regions (▶SDFはSelf-Defense Forcesの略→p.79)

❑ 液状化が原因で ➲ due to [because of] liquefaction

津波

❑ その地震によって引き起こされた巨大な津波
➲ a massive tsunami triggered by the earthquake (▶ tsunamiは可算名詞。tidal waveとも言う)

❑ 津波から発電所を守るために防波堤を建設する
➲ build a seawall to protect the power plant from a tsunami

❑ 津波で家が流された。➲ My house was washed away by the tsunami.

❑ 津波で流されたガレキ
➲ tsunami debris (▶ debris (ガレキ) の発音は /dəbríː/)

❑ 津波警報が聞こえたらすぐ高台に移動しなさい。
➲ If you hear a tsunami warning, move at once to higher ground.

❑ 津波注意報を解除する ➲ lift a tsunami advisory

台風、大雨

❑ 大型台風 ➲ a strong [large] typhoon

❑ 豪雨が理由で ➲ because of the torrential rain

❑ これはこれまで経験したことがない規模の豪雨だ。
➲ This is a scale of downpour that we have not experienced before.

❑ 堤防が決壊した。
➲ The bank collapsed [gave away]. / The river burst its banks. (▶ burstは動詞で「決壊させる」、bankは「土手」)

❑ 川が溢れた [氾濫した]。
➲ The river overflowed (its embankment). (▶ embankmentは「堤防、土手」)

❑ その山で土砂崩れがあった。
➲ There was a landslide on the mountain.

❑ そのダムから水を放出する ➲ release [discharge] water from the dam

❑ 鉄塔が倒れた。➲ A transmission tower fell over.

❑ 全家庭の電気を復旧させる ➲ restore electricity to all homes

❑ 鉄道が運行を休止 [運休] している。
➲ Train services are suspended. (▶ suspendは「一時的に中止する」)

34 交通 （1）交通手段、自転車

交通手段

Basic Vocabulary

電車に乗る　take a train（▶takeは「利用する」の意味）
地下鉄　a subway / an underground
（▶後者は《英》。《英》でsubwayは「地下道」の意味）
バス［電車］の中で　on the bus [train

- ❑ 交通手段 ⭘ a means of transportation
- ❑ 自転車を修理する
  ⭘ repair [fix] a bicycle / have your bicycle repaired [fixed]（▶後者は人に修理を依頼する場合）
- ❑ 広い駐車場
  ⭘ a large parking lot [space]（▶wideは「幅が広い」の意味なので不自然）
- ❑ 電車の中で老人に席を譲る
  ⭘ give (up) [offer] your seat to an old person on the train
- ❑ 電車の中で足を広げて座る
  ⭘ sit with your legs wide open [apart] on the train
- ❑ 女性専用車両を導入する ⭘ introduce women-only train cars
- ❑ 自動的に運賃が（プリペイドカードから）差し引かれる。
  ⭘ The fare is automatically deducted (from your prepaid card).
- ❑ 電車には乗客はほとんどいなかった。
  ⭘ There were only a few passengers on the train.
- ❑ 飛行機の窓から ⭘ from an airplane window
- ❑ 日本では車は左側通行です。
  ⭘ In Japan people [we / they] drive on the left side (of the road).（▶weは話者が日本人の場合）

自転車

- ❑ 自転車にかぎをかける ➲ lock your bicycle [bike]
- ❑ 自転車に乗る練習 ➲ the practice of riding a bicycle
- ❑ 自転車に乗る人の数 ➲ the number of cyclists
- ❑ 自転車に乗っているときはヘルメットを着用する
  ➲ wear a helmet when riding a bicycle
- ❑ 電動自転車 ➲ an electric bicycle [bike] / an e-bike
- ❑ 駐輪場 ➲ a bike [bicycle] parking lot
- ❑ 放置自転車 ➲ abandoned bicycles
- ❑ 駅周辺に放置された自転車
  ➲ bicycles abandoned around (railway) stations

35 交通 (2) 渋滞、ラッシュアワー解消、交通事故

渋滞

Basic Vocabulary

交通渋滞 traffic congestion / a traffic jam
公共交通機関 public transportation / public transport
(▶後者は《英》)

- ❑ 交通渋滞に巻き込まれる ➲ be caught [get stuck] in a traffic jam
- ❑ 交通渋滞を解消する ➲ reduce a traffic jam
- ❑ 道路の混雑を引き起こす ➲ cause road congestion
- ❑ 交通量が増える。 ➲ There will be more traffic on the roads.

ラッシュアワー解消

Basic Vocabulary

ラッシュアワーの間に during the rush hour / during rush hours
公共交通機関を利用する use public transportation《米》[transport《英》]
通勤する commute (to work)
満員電車 a jam-packed train / a packed [crowded] train

- ❑ 混雑した電車を避ける ➲ avoid crowded trains
- ❑ 朝［夕方］のラッシュアワーを避ける
  ➲ avoid morning [evening] rush hours
- ❑ ラッシュアワーの電車やバスの中で
  ➲ on the rush-hour trains and buses
- ❑ ラッシュアワーの間は運賃を上げる
  ➲ charge higher fares during the rush hour
- ❑ オフィスに着く頃までには疲れてしまう
  ➲ get tired by the time you reach the office

❏ ピーク時以外の電車を利用する
⭘ make use of the trains during off-peak times

❏ 自転車で通勤する ⭘ bike [《英》 cycle] to work

❏ 2階建の電車を導入する ⭘ introduce double-decker trains

❏ 通勤時間をずらす
⭘ stagger [shift] commuting times (▶ staggerは「時間をずらす」の意味)

❏ 時差出勤を導入する ⭘ introduce staggered working hours

❏ フレックスタイムを導入する ⭘ introduce flexible working hours

❏ 混雑料 [税] を課す ⭘ charge a congestion fee [tax]

❏ 公共交通機関を改善する ⭘ improve public transportation

❏ 交通機関の選択肢の欠如 ⭘ lack of transportation options

❏ カーシェアリングは交通渋滞を減らすのに役立つことがある。
⭘ Car sharing can help reduce traffic congestion.

❏ 自動車を相乗りする
⭘ carpool with others (▶ carpoolは「仕事や学校へ行くときに相乗りする」の意味)

交通事故

Basic Vocabulary

交通事故 **a traffic accident**
交通事故に遭う **have [get into] a traffic accident / be involved in a traffic accident**

❏ 自動車事故の数 ⭘ the number of car accidents

❏ ここへ来る途中で交通事故がありました。
⭘ There was a traffic accident on my way here.

❏ ドライブレコーダーの設置を義務化する
⭘ make the installation of dashcams mandatory (▶ mandatoryは「強制的な」の意味の形容詞)

❏ 子どもを自動車事故でなくす ⭘ lose your child in a car accident

36 交通 (3) 自動運転車、免許、高齢者免許返納

自動運転車

Basic Vocabulary

自動運転車 self-driving cars / driverless cars / autonomous cars
目的地に[まで]到達する get to your destination

❏ 道路標識はカメラで読まれる。
○ Road signs are read by cameras.

❏ 正確な位置を決定するために衛星測位システムが使われる。
○ Satellite navigation systems are used to determine your exact position.

❏ 衝突を避けるために自動的にブレーキがかかる
○ brake automatically to avoid a collision

❏ 歩行者[物体]を感知する ○ detect pedestrians [objects]

Pros & Cons

自動運転車賛成

❏ 自動的に障害物を避ける ○ automatically avoid obstacles

❏ 道路標識に従う ○ obey road signs

❏ 交通事故を減らす ○ reduce the number of traffic accidents

❏ 身体障がい者が公共交通機関に頼らなくて済む。
○ Disabled passengers no longer have to rely on public transportation.

❏ 交通渋滞が減ることが予想される。
○ Traffic congestion is expected to decrease.

❏ 車の流れをよりスムーズにする
○ make the flow of the traffic smoother

❑ 目的地までの時間が短縮される。
◯ It will take you less time to get to your destination.

❑ 人間が運転する車より安全
◯ be safer than cars driven by people [humans]

自動運転車反対

❑ 事故が起きたとき法的責任の所在を明確にすることが難しい。
◯ It is hard to clarify where legal responsibility lies when an accident happens.（▶ where ... lies は「どこに…があるのか」の意味）

❑ コンピュータの異常が車の衝突を引き起こしかねない。
◯ A computer malfunction could cause car crashes.

❑ 大雨がセンサーに影響を与えうる。
◯ Heavy rain can affect sensors.

❑ 移動が追跡される可能性がある。
◯ Your movements can be tracked.

❑ テロリストが自動運転車に爆発物を積むことができる。
◯ Terrorists can load self-driving cars with explosives.（▶ load ... with ～で「…に～を積む」の意味）

❑ タクシーやバスの運転手が仕事を失う。
◯ Taxi and bus drivers will lose their jobs.

免許

Basic Vocabulary

運転免許　a driver's license / a driving licence（▶後者は《英》。語末の-seと-ceの綴りが違うことにも注意）

自動車事故を起こす　cause a car accident

❑ 自動車学校［教習所］へ通う ◯ go to driving school

❑ 運転免許を更新する ◯ renew your driver's license

高齢者免許返納

❏ 運転をあきらめる ⭘ give up driving

❏ 運転免許を自主的に返納する
⭘ voluntarily return [surrender] your driver's license

❏ 運転免許を無効にする ⭘ revoke someone's driver's license

❏ 高齢者から運転の権利を奪う
⭘ deprive old people of their right to drive

❏ 認知症の兆候がない ⭘ show no signs of senile dementia

❏ 車なしでは生活できない ⭘ cannot live without a car

❏ 車の運転に年齢の上限はない。
⭘ There is no upper age limit for driving a car.

❏ 特定の年齢で車の運転を止める法的義務はない。
⭘ There is no legal requirement to stop driving at a certain age.

❏ 歳をとると判断力が鈍り始める。
⭘ As you get older, your judgement starts to weaken [get impaired / get clouded]. (▶ cloudは「〈判断・思考〉を鈍らせる」という意味の他動詞)

❏ 反射神経が鈍くなる。
⭘ Your reflexes slow down. (▶ slowは動詞) / You get slow in responding. (▶ このslowは形容詞)

❏ 周囲の変化への反応が遅くなる。
⭘ You become slower to respond to changes around you.

❏ 対向車がはっきり見えない。 ⭘ You cannot see oncoming cars clearly.

❏ ブレーキとアクセルを踏み間違える
⭘ mistakenly step on the accelerator instead of the brake

37 交通 (4)道案内

道案内

Basic Vocabulary

道に迷う；迷子になる　get lost / lose your way
…への行き方　the way to ... / how to get to ... (▶goではなくgetを使うことに注意)

- ❏ そこまでの道順を覚えておく ➲ remember how to get there
- ❏ この道をまっすぐ歩いていく ➲ walk straight along this road
- ❏ 最初［2つ目］の角を右に曲がる
  ➲ turn right at the first [second] corner
- ❏ 次の信号を左に曲がる ➲ turn left at the next (traffic) light
- ❏ 交差点を左折する ➲ turn left at the intersection
- ❏ 横断歩道を渡る ➲ cross (the street) at a crosswalk
- ❏ 右手に大きな建物が見える。
  ➲ You can see a tall building on your right.
- ❏ (道をはさんで) コンビニの向かい (側) に
  ➲ across (the street) from the convenience store
- ❏ 地図アプリを使う ➲ use a map app
- ❏ カーナビを取り付ける ➲ install a car navigation system

38 旅行

旅行

Basic Vocabulary

旅行　travel / a trip（▶ travelは不可算名詞；tripは可算名詞）
旅行する　travel（▶ travelは自動詞なので後に旅行地を示す場所を置くときはinやaroundなどの前置詞が必要）/
make [take] a trip（▶ tripは動詞だと「つまづく」の意味）
旅行に出かける　go on a trip

❏ 世界中を旅行する ⭘ travel all over the world

❏ 日帰り旅行をする ⭘ make a day trip

❏ 沖縄旅行を計画している ⭘ be planning a trip to Okinawa

❏ 海外旅行中にトラブルはつきものだ。
⭘ While traveling overseas, you often encounter problems.

❏ 異国を旅する ⭘ travel in [around] foreign countries

❏ 芭蕉の足跡をたどって旅する
⭘ travel, following the footsteps of Basho

❏ 旅行記 ⭘ a travel journal / a travelog / travel writing

❏ 若い人の旅心に火をつける ⭘ inspire young people to travel（▶ inspire ... to —は「〈人〉を奮い立たせて—させる」）

❏ 旅への関心を刺激する ⭘ spark your interest in travel

❏ 視野を広げる
⭘ broaden your horizons（▶ horizonsはこの意味では通例複数形）

❏ …が旅の醍醐味である。⭘ ... is the best part of travel.

❏ その芸術家のゆかりの場所を訪れる
⭘ visit the place associated with the artist（▶ associated with ...は「…と関連づけられた、…から連想する」の意味）

❏ ロープウェイで山頂まで登る
⭘ take the ropeway to the summit [the (mountain) top]

- ❑ 南半球を旅行する ➲ travel in the Southern Hemisphere
- ❑ 風景を楽しむ ➲ enjoy good scenery（▶ sceneryは不可算名詞）
- ❑ 大きな解放感を味わう ➲ feel a great sense of freedom [release]
- ❑ 気の向くまま歩く ➲ walk as you like
- ❑ 大阪まで新幹線で行く ➲ go to Osaka by Shinkansen
- ❑ 日本とハワイの間には19時間の時差がある。
  ➲ There is a 19-hour time difference between Japan and Hawaii.
- ❑ ビルの屋上からニューヨークの夜景を楽しむ
  ➲ enjoy the night view of New York from the rooftop of the building
- ❑ 地図を片手に町を歩き回る
  ➲ walk around a town with a map in one hand
- ❑ その土地の風土や文化を（学んで）理解する
  ➲ learn about the local climate and culture

39 観光 観光、外国人観光客

観光

❑ 昨年日本を訪れた観光客の数
➲ the number of tourists who visited Japan last year

❑ 人気のある観光地
➲ a popular tourist spot [destination / attraction]

❑ 観光産業 ➲ the tourism industry (▶ tourism は「観光事業」の意味)

❑ 多くの歴史的建造物 ➲ many historical structures

❑ 訪れるべき歴史的な場所 ➲ many historical places [sites] to visit

❑ ごみをすべて家に持ち帰る
➲ take all your garbage back home (with you).

外国人観光客(を増やす)

Basic Vocabulary

外国人旅行客	foreign tourists [visitors] (to Japan) / visitors from abroad

❑ 毎年日本を訪れる旅行客の数
➲ the number of tourists visiting Japan every year

❑ 円安のとき ➲ when the (Japanese) yen is weaker

❑ 訪問客のビザ発給要件を緩和する
➲ ease [relax] visa requirements for visitors

❑ 言葉の壁をなくす ➲ remove language barriers

❑ 日英併記の道路や鉄道の掲示を増やす
➲ have more road and railway signs written in both Japanese and English

❑ 英語字幕のついた町の紹介ビデオを制作する
➲ produce a video introducing the city with English subtitles

❏ 様々な言語で町の情報を発信する
○ spread the information of the city in various languages

❏ 町のホームページをさらに魅力的なものにする
○ make the city's website even more attractive (▶英語の homepage は「(サイトの) トップページ」のこと)

❏ その町のYouTubeチャンネルを開設する
○ start a YouTube channel about the town

❏ その町のインスタ (のアカウント) を設ける
○ create the Instagram account for the city

❏ 観光地の写真をインスタにあげる
○ Instagram photos of tourist destinations (▶Instagram /ínstəgræm/ は名詞のほか「インスタグラムにあげる」という動詞にも使える)

❏ 町をアピールする
○ emphasize the good features of the city (▶この意味では appeal は使えない)

❏ 日本の伝統文化を体験する
○ experience traditional Japanese culture

❏ 訪問客に町中を案内する ○ show visitors around the town

❏ 無料のガイドつきツアーを提供する ○ provide free guided tours

❏ 格安航空のために空港を拡張する
○ expand airports for budget airline carriers [low-cost carriers]

❏ 民泊を促進する ○ promote private lodging services

❏ 旅行客が安く泊まれるホテルをたくさん作る
○ build a lot of reasonable hotels for tourists

❏ その地域にはおいしい郷土料理がたくさんあることを知ってもらう
○ let people know that the area has many good local dishes

❏ 和食は海外からの旅行客に人気がある。
○ Japanese food is popular among tourists from overseas.

40 結婚・出産 (1)結婚、夫婦別姓、同性婚

結婚

Basic Vocabulary

結婚する　get married
…と結婚する　marry ... (▶×marry with ... としないよう注意) / get married to ...
結婚している　be married
独身である　be single
夫婦　a married couple
離婚する　get divorced
…と離婚する　divorce ...

❑ 結婚相手を見つける ➲ find a marriage partner

❑ 双方の両親の同意[許可]なしで
➲ without their parents' consent [permission]

❑ 女性の晩婚化の理由
➲ the reason why women have come to get married at an older age than before [women marry later than they used to]

❑ ハワイで結婚式をあげる ➲ hold a wedding in Hawaii

夫婦別姓

Basic Vocabulary

名字　your last name / your family name / your surname
旧姓　your original family name / your maiden name (▶女性の場合)

❑ 結婚後名字を変える ➲ change your last [family] name after marriage

❑ 旧姓を使い続ける
➲ keep your last name / continue to use your original family name

❑ 民法を改正する ➲ revise the Civil Law

❏ 夫婦が同じ名字を使うことを強制する
✪ force married couples to use the same surname

❏ 女性職員が職場で旧姓を使い続けることを許す
✪ allow female employers to keep using their maiden names at work

❏ 選択的夫婦別姓が可能になる。
✪ Married couples can [are allowed to] choose separate surnames.

Pros & Cons

夫婦別姓賛成

❏ 自分の名字の入った書類をすべて変更する必要がある。
✪ You will have to change all the documents with your family name.

❏ 自分のいる業界で地位を確立した後で名字を変える必要がある。
✪ You have to change your last name after you have already established yourself in your field.

❏ 旧姓ですでに業績を築きあげた女性
✪ women who have already built a career around their original family name

❏ 好きな名字を失う ✪ lose an original family name you love

❏ 名字を守る ✪ preserve your family name

❏ 名字を変えることに伴う不便
✪ the inconveniences involved in changing your surname

❏ 男女平等を侵害する ✪ violate gender equality

夫婦別姓反対

❏ 配偶者とのつながりをより感じられる
✪ feel more connected with your spouse [partner]（▶ spouseは法的な婚姻関係がある相手、partnerはより広い意味で使える）

❏ 自分の子と同じ名字を持つ。
✪ You and your children have the same surname.

❑ 自分の子とより強いきずなを生む。
⊙ You create a stronger bond between you and your children.
❑ 別の名字は混乱の元となる。
⊙ Different family names can cause confusion.
❑ 家族の一体感を生み出すのに役立つ
⊙ can help create a sense of family identity

同性婚

❑ 同性婚 ⊙ same-sex [gay] marriage
❑ 同性婚を合法化する ⊙ legalize same-sex marriage
❑ 異性同士の夫婦 ⊙ a heterosexual married couple
❑ 同性カップルに（パートナーの）証明書を発行する
⊙ issue (partnership) certificates to same-sex couples
❑ 結婚の従来の概念が変わってきた。
⊙ The traditional concept of marriage has changed.
❑ 国際的に認められた人間の権利
⊙ an internationally recognized human right
❑ 日本国憲法によって保証されている
⊙ be guaranteed by the Constitution of Japan
❑ 性同一障害だと診断される
⊙ be diagnosed with gender identity disorder
❑ トランスジェンダー（の人） ⊙ a transgender person
❑ 赤ん坊や子どもを養子にする ⊙ adopt babies and children

41 結婚・出産 (2)育児、職場復帰、待機児童、子どもの行動

育児

Basic Vocabulary

〈子ども〉を育てる bring up / rear / 《主に米》raise

- ❏ 育児には多くの時間がとられる。
  ⭘ Taking care of babies takes a lot of time.
- ❏ 子育ての負担 ⭘ the burden of child-rearing
- ❏ 児童手当 ⭘ a childcare allowance / child benefit
- ❏ 子どものお弁当を作る ⭘ make the kid's packed lunch
- ❏ おむつを替える ⭘ change diapers
- ❏ 赤ん坊を寝かしつける ⭘ put your baby to sleep (▶このsleepは名詞)
- ❏ 生後6ヵ月の赤ちゃん
  ⭘ six-month-old babies (▶monthが単数形であることに注意)
- ❏ 育児放棄の問題を解決する ⭘ solve the problem of child neglect
- ❏ 子育ての悩みに直面する
  ⭘ face the problem of rearing [bringing up] children
- ❏ 子どもの性格の形成過程
  ⭘ the process of forming a child's personality
- ❏ 人格形成の機能
  ⭘ the function of personality development / the function of character building
- ❏ 子どもを甘やかす ⭘ spoil a child
- ❏ シングルマザーで子どもを育てる ⭘ raise a child as a single mother

職場復帰

- ❏ 結婚後も仕事を続ける ⭘ continue to work after marriage
- ❏ 仕事を辞めずに子育てをする
  ⭘ bring up children without quitting your job

❑ 子どものいる女性が働き続けられる環境を作る
➲ make an environment where women with children can continue to work

❑ 育児休暇をとる
➲ take parental [childcare] leave (▶このleaveは「休暇」の意味の名詞)

❑ 産休をとる ➲ take maternity leave (▶maternityは「母親であること」の意味)

❑ (父親が) 育児休暇をとる
➲ take paternity leave (▶paternityは「父親であること」の意味)

❑ 産休後職場に復帰する ➲ return to work after maternity leave

❑ 出産後に仕事に戻る ➲ come back to work after having children

❑ 育児のために早退する ➲ leave work early to care for a child

❑ フルタイムで家庭の外で働く ➲ work full-time outside of the home

❑ パートで働く方を好む ➲ prefer to work part-time

待機児童

❑ 待機児童 ➲ children on the waiting list for nurseries

❑ 待機児童をゼロにする
➲ reduce to zero the number of children waiting to get into nurseries
(▶動詞reduceの目的語はthe number)

❑ 保育園の数が十分ではない。
➲ There aren't enough nursery schools. / We don't have enough nurseries.

❑ 保育園に入園申し込みの用紙を持っていく
➲ take an application form to a nursery school

❑ 幼稚園 ➲ a kindergarten (▶語末がdenではなくtenであることに注意)

子どもの行動

❑ 家事を手伝う ➲ help with the housework

❑ おもちゃを片付ける ➲ put their toys away

❑ 庭の草取りをする ➲ weed the garden

42 結婚・出産　(3) 出産、少子化、人工授精

出産

Basic Vocabulary

子どもを産む　have a baby（▶ getは使わない）
出生率の低下　a decline [fall] in a birthrate（▶「出生率」は2語でbirth rateと綴る書き方もある）

- ❑ 高齢で出産する ➲ have children late (in life)
- ❑ へその緒が首に巻き付いて生まれてくる
  ➲ be born with the umbilical cord wrapped around its neck（▶ babyは代名詞itで受けることがありitsはその所有格）

少子化

- ❑ 日本の少子化の理由 ➲ reasons for the declining birthrate in Japan
- ❑ 急速な少子化 ➲ the rapid decrease in the number of children
- ❑ 近頃はますます少子化の傾向にある。
  ➲ Nowadays people are having fewer and fewer children.
- ❑ 日本の出生率が低下している。
  ➲ The birthrate [fertility rate] in Japan is declining.
- ❑ 出生率の低下につながる ➲ lead to a lower birthrate
- ❑ 人口を維持する ➲ maintain the population
- ❑ 経済的な理由で ➲ for economic [financial] reasons
- ❑ 子どもが欲しくない ➲ don't want to have children
- ❑ 女性の労働時間が増えた。➲ Women work longer hours.
- ❑ キャリアを積みたい女性が多い。
  ➲ Many women want to pursue their careers.（▶ careerの発音は/kəríə/）
- ❑ 一人っ子の方がいい。
  ➲ It is better to be an only child.（▶ theではなくanであることに注意）

人工授精

❑ 人工授精の結果生まれた子ども
⊙ a child born as a result of artificial insemination

❑ 何年にもおよぶ不妊治療を受ける
⊙ go through years of fertility treatment

❑ 中絶する ⊙ abort a baby（▶「中絶」はabortion）

❑ 胎児の性別がわかる ⊙ can tell if a baby is a male or a female

❑ 望まない［意図しない］妊娠を避ける
⊙ avoid an unwanted [unintended] pregnancy

コラム

日頃から「これは英語で何と言うか？」を考える癖をつける

「先生、○○って英語で何て言うんですか？」というのは、我々英語教師が生徒からきかれることを常に覚悟しておくべき質問です。もちろんその場で調べて解決できる場合はいいのですが、必ずしもすぐ答えが見つかるとは限りません。やはり、普段から疑問に思った語彙や表現はあらかじめ調べておく習慣をつけておきたいものです。

私が学生の頃はネットが普及していなかったので、疑問に思ったことはその場で手帳にメモして家に帰って調べるのが普通でした。携帯電話（いわゆるガラケー）が普及しても、最初はネットには接続できなかったので、疑問に思った表現はその場で携帯メールに打ち込んで家のパソコンに送っておきました。帰宅してパソコンを開けば疑問がメールで届いていて、自宅で忘れずに調べられるというわけです。

今ではスマホに辞書アプリを何冊も入れておけるので、その場で調べ、さらに帰宅してから、それらをネットなどで改めて確認し整理しています。重い辞書を持ち歩いていた学生時代と比べると便利な世の中になったものです。

43 動物　動物、動物園、動物実験、捕鯨

動物

❏ 海洋生物 ⭘ sea [marine] creatures [life]
❏ 熱帯に住む動物 ⭘ animals in the tropics
❏ 絶滅の危機に瀕した動物 ⭘ endangered animals
❏ 環境に適応する ⭘ adapt to [get used to] the environment
❏ 進化する ⭘ evolve
❏ 進化論 ⭘ the theory of evolution
❏ ひな鳥が卵の殻を破って出てくる。
⭘ The chick breaks out of the shell.
❏ ひなが孵《かえ》った。⭘ The chicks hatched.
❏ 鳥の餌箱 ⭘ a bird feeder
❏ 鳥の巣 ⭘ a bird's nest
❏ パンダは絶滅の危機にある。
⭘ Giant pandas are in danger of extinction.

動物園

Basic Vocabulary

動物園に行く　go to the zoo

❏ 動物園に家族といっしょに行く ⭘ go to the zoo with your family
❏ 生きた動物を間近で見れる。
⭘ You can see live animals close up [up close]. (▶ liveは「生きている」の意味の形容詞で発音は /láiv/。closeは副詞で発音は /clóus/)
❏ 科学者は動物の行動を近くで観察できる。
⭘ Scientists can observe animal behavior closely. (▶ closelyの発音は /clóusli/)
❏ 絶滅が危惧されている [野生の] 動物の保護
⭘ the conservation of endangered [wild] animals

❑ おりの中で飼育されている動物の生態を観察する
⭘ observe the ecology of animals kept in cages
❑ 動物園は生物学者に動物の行動を観察する機会を提供する。
⭘ Zoos give biologists a chance to observe animal behavior.
❑ そうした動物が絶滅する前に ⭘ before those animals become extinct
❑ 動物園は動物にとって残酷である。⭘ Zoos are cruel to animals.
❑ 動物虐待につながる
⭘ lead to animal abuse [cruelty to animals]（▶ abuseの発音は名詞の場合 /əbjúːs/）

動物実験

❑ 動物実験によって ⭘ by animal testing
❑ 動物実験に反対して ⭘ be against experiments on animals
❑ 動物の命を犠牲にして ⭘ at the expense of the lives of animals
❑ 製品を動物で試す ⭘ test products on animals
❑ 医療実験にネズミを使う ⭘ use rats for medical experiments
❑ 動物保護団体 ⭘ animal protection [conservation] group
❑ 動物実験が行われた化粧品の輸入を禁止する
⭘ ban the import of animal-tested cosmetics
❑ 人間が使用する製品の安全性をチェックするために
⭘ to check the safety of the products for human use

捕鯨

❑ 捕鯨は禁止されている。⭘ Whale hunting is banned.
❑ 捕鯨をする ⭘ hunt whales / go whale hunting
❑ 鯨肉を食べる ⭘ eat whale meat
❑ 商業捕鯨を再開する ⭘ resume [restart] commercial whaling
❑ クジラ保護 ⭘ whale conservation
❑ いわゆる調査捕鯨 ⭘ what is called scientific whaling
❑ 環境保護団体 ⭘ environmental protection groups
❑ ホエールウォッチング ⭘ whale watching

44 ペット

ペット

Basic Vocabulary

ペットを飼う　own [have / keep] a pet

- ❑ ペットの世話をする ◎ look after [take care of] your pet
- ❑ バーチャルペットを育てる ◎ raise a virtual [digital] pet
- ❑ ペットに餌をやる ◎ feed your pet
- ❑ 犬の散歩に出かける ◎ take your dog for a walk
- ❑ ペットを外で遊ばせる ◎ let your pet play outside
- ❑ ペットショップで…を買う ◎ buy ... at a pet shop
- ❑ ペットに向かない動物
 ◎ animals that do not make good pets（▶このmakeは「…になる素質を持っている」の意味）
- ❑ ペットフードを室内で保管する ◎ store pet food indoors
- ❑ ペットにマイクロチップを埋め込む
 ◎ put [implant] microchips into pet animals
- ❑ 飼い犬にチップを埋め込んでもらう
 ◎ get [have] your dog microchipped
- ❑ 飼い主を特定できる ◎ can identify the owner of a pet
- ❑ 捨てられたペット ◎ an abandoned pet
- ❑ 迷子のペット ◎ a missing pet
- ❑ ペットを職場に連れて行く ◎ take your pet (with you) to work
- ❑ ペットを人間のように扱う ◎ treat pets like a human being
- ❑ 家畜やペットに対する接し方 ◎ an attitude toward livestock and pets
 （▶livestockは集合的「家畜」を意味し、単複両扱い）
- ❑ どの生物も死ぬ運命にある。
 ◎ Every living creature is destined to die.

Pros & Cons

ペットを飼うメリット

❑ その日のストレスを和らげる ➲ relieve the stress of the day

❑ ペットは一人暮らしの人のいい話し相手になる。
➲ Pets can be good company to talk to for those who live alone.
(▶ companyは「仲間」の意味の不可算名詞)

❑ 犬は家の見張り役になる。➲ Dogs act as guards of the home.

❑ 魚が泳ぐのを見ると嬉しい気分になる。
➲ Seeing a fish swim makes you happy.

❑ いっしょに遊ぶと楽しい。➲ Pets are fun to play with.

❑ さみしくなくなる ➲ help you feel less lonely

❑ ストレスの多い1日の終わりに気分をよくしてくれる
➲ make you feel better after a stressful day

❑ ペットからなぐさめを得る ➲ get comfort from pets

❑ ペットは本当のなぐさめになる。
➲ Pets can be a real comfort to you. (▶ a comfortは「慰めとなる物」)

❑ ペットを飼うことは子どもに責任感を教える。
➲ Owning a pet teaches children responsibility.

❑ ペットは同じペットを飼う人と出会い友だちになる機会を作る。
➲ Pets give you the chance to meet and make friends with people who own the same kind of pet.

ペットを飼うデメリット

❑ 夜中に音を出す ➲ make noise in the middle of the night

❑ 近隣の人の迷惑になる
➲ disturb the residents of the neighborhood / be a nuisance to the neighbors

❑ ペットを定期的にきれいにしなければならない。
➲ You must regularly clean your pets.

❑ ペットフードにはお金がかかる。➲ Pet food costs a lot.

❑ ペットの方が飼い主より長生きする場合もある。
➲ Some pets live longer than their owners.

❑ ペットが生きている間かなりの費用がかかる。
➲ It will cost you a good amount of money throughout your pet's life. (▶ a good amount of... は「かなりの量の…」の意味)

❑ 不在の間誰かに世話を頼まなければならない。
➲ You have to ask someone to take care of your pets while you are away.

❑ 他人に危害を加えたら責任を取る必要がある。
➲ You must be responsible for damages your pets will do to others.

❑ 家の家具を傷つけるかもしれない
➲ may damage the furniture in a home

45 スポーツ・運動 スポーツ、オリンピック

スポーツ・運動

Basic Vocabulary

スポーツをする　play sports
運動する　get (some) exercise / exercise

- ❑ 毎日最低1時間は運動する ⭘ exercise at least one hour every day
- ❑ スポーツをすることで子どもはチームワークを学ぶ。
  ⭘ Playing sports helps children learn to work on a team [learn teamwork].
- ❑ スポーツを通じて ⭘ through sports
- ❑ スポーツに熱狂する
  ⭘ go crazy over sports（▶「熱狂している」という状態は be crazy about sports。前置詞の違いに注意）
- ❑ スポーツ大会 ⭘ a sporting [sports] event
- ❑ 危険なスポーツに魅力を感じる ⭘ be attracted to dangerous sports
- ❑ それはフェアプレーの精神に反する。
  ⭘ It goes against the spirit of fair play.
- ❑ 相手チーム ⭘ an opposing team / the other team
- ❑ …と練習試合をした。⭘ We had a practice game with ....
- ❑ テレビでラグビーの試合を見る ⭘ watch the rugby match on TV
- ❑ 決勝に進む ⭘ reach [make it to] the final（▶「準決勝」は semifinal）
- ❑ スキーをする
  ⭘ ski（▶「スキーをする」という動詞は ski。「スキー」という競技名は skiing。名詞の ski は「スキー板」の意味）
- ❑ バドミントンをする ⭘ play badminton
- ❑ ドッジボールをする
  ⭘ play dodgeball（▶ dodge ball と 2 語で綴ることもある）

- ❏ 陸上部に入っている ⭘ belong to a track-and-field club
- ❏ 100mを9秒台で走る ⭘ run 100 meters in the nine second range
- ❏ 登山家 ⭘ a mountaineer
- ❏ マラソン大会に出る ⭘ run a marathon
- ❏ eスポーツをする ⭘ play esports

オリンピック

Basic Vocabulary

オリンピック　**the Olympic Games / the Olympics**（▶必ず複数形にすること、またOを大文字にすることに注意）
オリンピックを開催する　**host the Olympic Games**
オリンピックを…に招致する　**bring the Olympic Games to ...**

- ❏ オリンピックは4年に1回、夏季と冬季が2年間隔で開かれる。
  ⭘ The Olympics are held every four years, with the Winter and Summer games held two years apart from each other. / The Summer and Winter Games are each held every four years, occurring two years apart.
  （▶ every four yearsは「4年ごとに」、two years apartは「2年の間隔をあけて」の意味）
- ❏ 開催都市を選ぶ ⭘ choose a host city
- ❏ オリンピックを自宅でテレビ観戦する
  ⭘ watch the Olympics on TV at home
- ❏ オリンピックで（金）メダルをもらう
  ⭘ win a (gold) medal at the Olympics
- ❏ オリンピック開催の経済効果
  ⭘ the economic impact of hosting the Olympics
- ❏ オリンピックの延期［中止］を決定する
  ⭘ decide to postpone [cancel] the Olympic Games
- ❏ パラリンピック ⭘ the Paralympics

46 趣味・ゲーム 趣味、ゲーム、YouTuber

趣味

Basic Vocabulary

趣味 **your hobbies** (▶hobbyは長期的にかなり本格的に取り組んでいる趣味を指すのが普通) / **your favorite pastime** (▶pastimeは「気晴らし」)

❏ いろいろな趣味を楽しむ ⭘ enjoy various hobbies

❏ 無心になって没頭できる趣味
⭘ the hobby you can be absorbed in, forgetting everything

❏ 仕事以外に夢中になれること
⭘ something you can be absorbed in besides your job

❏ 当面の仕事や勉強に役に立たなくても
⭘ even if it is not useful for your current work or study

❏ 骨董品店の中をぶらぶら見て歩く
⭘ browse around in an antique store [shop]

❏ 私の現実逃避の手段 ⭘ my way of escaping from reality

ゲーム

❏ テレビゲーム中毒になる ⭘ be addicted to video games

❏ 他の日常活動よりゲームを優先する
⭘ give priority to gaming over other daily activities (▶give priority to ... over ～は「～より…を優先する」の意味)

❏ スマホでゲームにいつも熱中している
⭘ be always playing games on your smartphone

❏ ゲームをする時間を家族と取り決める
⭘ agree on [decide] how long you can play video games with your family

- ゲームの電源を切る ⭘ turn off a video game
- ゲームセンターに行く ⭘ go to a video arcade

YouTuber

- YouTuberになる ⭘ become a YouTuber
- 有名になれる。⭘ You can be famous.
- 誰でも自分の意見が言える。
  ⭘ Anyone can express themselves.
- 視聴者のコメントから学ぶことができる。
  ⭘ You can learn from the comments from viewers.
- 勇気づけられるコメントもある。
  ⭘ Some comments are encouraging.
- 腹の立つコメントをもらうこともある。
  ⭘ Sometimes you might receive comments that make you angry.
- 否定的なコメントへの対処の仕方を学んだ方がよい。
  ⭘ You should know how to deal with negative comments.
- 毎日映像を投稿するのは大変。
  ⭘ Posting a video every day is hard.
- 動画のネタがなくなる。
  ⭘ You are short of video ideas.（▶ be short of ... は「…が不足している」）
- 成功する保証がない。⭘ There is no guarantee of success.
- 収入が安定しない。⭘ Your income is not stable.
- YouTuberと普通の生活の両立は難しい。
  ⭘ Balancing being a YouTuber and leading a regular life is difficult.
- 編集に時間がかかることが多い。
  ⭘ Editing often takes a long time [takes away your time].

47 カジノ誘致

カジノ誘致

Basic Vocabulary

カジノ法案　a casino bill
ギャンブル　gambling (▶gambleは動詞の用法が一般的)

- ❑ カジノリゾートの建設 ➲ construction of casino(-centered) resorts
- ❑ カジノを合法化する ➲ legalize casinos [casino gambling]
- ❑ 無料で入れる ➲ enter free (of charge)
- ❑ 娯楽施設 ➲ recreational [entertainment] facilities
- ❑ あらゆる種類の娯楽 ➲ all kinds of entertainment
- ❑ スロットマシーン ➲ a slot machine
- ❑ パチンコ屋 ➲ a pachinko parlor

Pros & Cons

カジノ賛成

- ❑ より多くの外国人を引き寄せる ➲ attract more foreign visitors
- ❑ 地域の経済を活性化させる
  ➲ vitalize [stimulate / boost] regional [local] economies
- ❑ より多くの雇用を生み出す ➲ create more employment
- ❑ 観光を促進する ➲ promote tourism

カジノ反対

- ❑ ギャンブル依存症に苦しむ ➲ suffer from a gambling addiction
- ❑ ギャンブル中毒者を増やすだけ
  ➲ only increase the number of people addicted to gambling
- ❑ カジノ関連の犯罪 ➲ casino-related crimes
- ❑ 施設周辺の治安が悪化するのではないかという心配がある。
  ➲ There are concerns that the area around the facilities could get more dangerous.

48 職業・仕事　(1)仕事、就職、転職、バイト

仕事

Basic Vocabulary

仕事　a job / work（▶この意味ではworkは不可算名詞なので冠詞aや複数形-sがつかないことに注意→p.208）

- ❑ 仕事に集中できない。 ⭘ I can't concentrate on my job [work].
- ❑ 十分な給料を払う ⭘ pay good salaries
- ❑ 仕事の反省をする ⭘ reflect on your job / think over what you did
- ❑ 仕事一辺倒の働き方に疑問を持つ ⭘ have doubts about working for its own sake [about being too involved in your work]（▶ for A's own sakeで「(他の目的でなく) Aそれ自体のために」）
- ❑ 仕事中心の生き方 ⭘ a way of life that revolves around work [that is centered on your work]（▶ be centered onは「…を中心に展開している」の意味）
- ❑ マニュアルどおりにする ⭘ follow the manual / do as the manual says
- ❑ 働きに出る ⭘ go out to work
- ❑ このプロジェクトに取り組む ⭘ work on this project
- ❑ 終身雇用制度 ⭘ a lifetime employment system
- ❑ 様々な雇用形態 ⭘ diverse employment status

就職

- ❑ 自分にあった仕事を探す ⭘ look for a job that suits you
- ❑ 自分の技能が生かせる仕事を見つける ⭘ find a job that makes use of your skills
- ❑ 正社員 ⭘ a permanent [regular] employee [worker]（▶欧米は日本と

雇用形態が異なり「正社員」という考え方はない）

- ❑ 契約社員 ⭘ a contract employee
- ❑ 他の可能性を捨てる ⭘ give up other possibilities
- ❑ 総合商社に就職する ⭘ get a job at a general trading company
- ❑ 公共の福祉のために ⭘ for public welfare
- ❑ 一つの会社でずっと働く ⭘ stay with one company
- ❑ 定年を迎える ⭘ reach the retirement age
- ❑ 会社への忠誠心 ⭘ your loyalty to the company

転職

- ❑ 転職を考える ⭘ think about changing your job
- ❑ 職場になじめない ⭘ cannot get used to your workplace
- ❑ 頻繁に仕事を変える
  ⭘ change jobs frequently（▶ jobsは複数形になることに注意）
- ❑ 労働時間の（より）短い仕事に変える
  ⭘ change to a new job with short(er) working hours
- ❑ 日本のビジネス文化になじめない
  ⭘ cannot get used to Japanese business culture / do not feel comfortable with the business culture in Japan
- ❑ 彼女が仕事を辞めたいと言いだした。
  ⭘ She said she wanted to quit (her job).（▶ quitは「（自分の都合で）仕事を辞める」。retire は定年退職の場合に使うのが普通で日本語の「リタイア」と意味が違うので注意）

バイト

Basic Vocabulary

アルバイト、バイト　a part-time job
アルバイトをする　work part-time（▶ part-timeは副詞）

- ❏ アルバイトを探す ➲ look for a part-time job
- ❏ そろそろバイトに行かなくちゃ。
  ➲ It's about time I went to work. (▶ It's time S + V. の形ではVは過去形)
- ❏ パート社員 ➲ a part-time worker
- ❏ 彼は3日連続で無断欠勤した。
  ➲ He didn't come to work [didn't show up] for three days in a row without notice. (▶ in a rowは「連続で」、without noticeは「事前の通知なしで」の意味)
- ❏ 店長に謝る ➲ apologize to the store manager
- ❏ 勉強時間が減る ➲ have less time for study
- ❏ 技能を修得する ➲ acquire skills
- ❏ 職務経験を得る ➲ gain work experience
- ❏ 責任感を身につける ➲ develop a sense of responsibility

▶ More Words! ➲ 職業名 ◀

サラリーマン	an office worker
ビジネスマン	a businessman; an office worker
公務員	a public employee
商社員	a trading company employee
銀行員	a bank clerk
弁護士	a lawyer
薬剤師	a pharmacist
建築家	an architect
外交官	a diplomat
パイロット	a pilot
カウンセラー	a counselor
システムエンジニア	a systems engineer (▶ systemsは複数形)
アナウンサー	an announcer
獣医	a vet; a veterinarian
救急救命士	an emergency medical technician
航空整備士	an aircraft mechanic
海上保安官	a coast guard officer
ゲームクリエーター	a game creator

49 職業・仕事 (2) ボランティア、労働力不足、外国人労働者

ボランティア

Basic Vocabulary

ボランティア活動　volunteer work [activities]
ボランティア活動をする　do volunteer work
ボランティア（人）　a volunteer

❑（地域の）ボランティア活動に参加する
 ⭘ take part in (local) volunteer work [activities]
❑ボランティアとして働く ⭘ work as a volunteer
❑ボランティアサークルに入っている ⭘ be in a volunteer group
❑国内各地からのボランティア
 ⭘ volunteers from all over the country [from various parts of the country]
❑困っている人を進んで助ける
 ⭘ be ready to help needy people
❑救援活動を助ける ⭘ help with the relief activities
❑世の中に貢献する ⭘ contribute to the world
❑孤児院にランドセルや様々な物を寄付する
 ⭘ donate school backpacks and various items to orphanages

労働力不足

❑日本は深刻な労働力不足に直面している。
 ⭘ Japan is facing an acute [a severe] labor shortage.
❑労働力不足が深刻化している。
 ⭘ The labor shortage is getting serious.
❑労働力不足に対処［を克服］する
 ⭘ deal with [overcome] a labor shortage
❑労働力不足を軽減する ⭘ ease [reduce] a worker shortage

❏ 日本の労働人口を増加させる
 ⭘ increase the working population in Japan
❏ 生産年齢人口 ⭘ the working-age population
❏ 定年後も仕事を続ける ⭘ keep working after retirement age
❏ 定年を延長する [遅くする; 引き上げる]
 ⭘ extend [delay / raise] the retirement age
❏ 人手不足を解消する ⭘ solve the labor shortage
❏ 人材不足を補う
 ⭘ make up for the shortage of skilled personnel (▶ skilledは「熟練した; 技能を持った」の意味)
❏ 人的資源を最大限に活用する
 ⭘ take full advantage of human resources
❏ (最低) 賃金を上げる ⭘ increase (minimum) wages (▶ wageは可算名詞)
❏ 既存の労働者に働く時間を増やしてもらう
 ⭘ ask existing workers to work more hours
❏ 職場での生産性を高める
 ⭘ increase productivity in the workplace
❏ 出生率をあげる ⭘ increase [raise] the birthrate

外国人労働者 (の受け入れ)

❏ 外国人労働者の数 ⭘ the number of foreign workers
❏ 外国人労働者の供給を増やす
 ⭘ increase the supply of foreign workers [labor]
❏ 厳しい移民政策を緩和する ⭘ relax its rigid immigration policies
❏ 外国人に開かれている職種を増やす
 ⭘ expand the types of jobs open to foreign workers
❏ 外国語で提供するサービスを増やす
 ⭘ provide more services in foreign languages
❏ 法務省
 ⭘ the Ministry of Justice (▶これは日本の「法務省」の訳だが国によって英語名は異なる」)
❏ 移民の受け入れを増やす ⭘ accept more immigrants

50 人生 （1）人生、家族、幸福、悩み、夢

人生

❑ 充実した人生を送る
○ have a full [fulfilling] life / live your life to the full（▶ to the full は「最大限に；心ゆくまで」の意味）

❑ わたしの人生観 ○ my outlook on life

❑ かけがえのない人生 ○ your precious life

❑ 人生を豊かにする ○ make your life rich

❑ いつの間にか人生が終わる。
○ Your life will be over before you know it.

❑ 自分の生き方を見直す ○ reconsider [review] your way of life

❑ 親から独立する ○ become independent of your parents

❑ 人生に正解はない。 ○ There are no right [correct] answers in life.

❑ 人生は二度とない。
○ You only live once. / You have only one life to live.

❑ 自分らしい人生を送りたい。
○ I want to live as I want.（▶ live as I want は「自分の生きたいように生きる」の意味）

❑ 一生に最低一度は―してみたい。
○ I want to — at least once in my life.

❑ 重要な人生経験 ○ an important life experience

❑ 人生に計り知れない影響を与える
○ have an enormous influence on your life

❑ 私の人生に最も影響を与えた人
○ the person who has influenced my life the most

❑ 若者に対するメッセージを発する
○ send [give] a message to young people

❑ 自分以外の人はどうやって生きているかを見る

○ see how other people live

□ 年齢とともに円熟味が増す
○ become more mellow with age [as you grow older]

□ 人生に満足している。○ I'm satisfied with my life.

□ 自分のライフワークが何かはっきりさせる
○ decide what your life's work [lifework] is

□ 人生の究極的な目標 ○ the ultimate goal of my life

□ 自分の進むべき道を見失う
○ lose your way / don't know which way you should go

□ (…に関して) 後悔はまったくない ○ have no regrets (about ...)

□ 退職後の生きがいを持つ
○ have something to live for after retirement

□ 仕事に生きがいを感じる。○ Work makes life worth living.

□ 歳をとるにつれて時間が経つのが速くなるように思える。
○ As we get older, time seems to speed up.

家族

□ 家族の役割 ○ the role of the family

□ 家族が結束する。○ The bond of a family becomes stronger.

□ 家族のきずなを強める ○ strengthen family ties [bonds]

□ 家族に対する価値観
○ values about families (▶ values は「価値観」→p.138)

□ 家族形態の変化 ○ changes in the form of the family

□ 親に対する感謝の気持ちを忘れる
○ no longer feel a sense of gratitude to your parents (▶ no longer feel ... は「…をもはや感じない」という意味) / do not feel grateful to your parents any longer

□ 家族と過ごす時間を増やす ○ spend more time with your family

□ 家族を支えるために働く ○ work to support your family

❑ 父親が家族の中で権威を失った。
◐ Fathers have lost their authority in the family.

❑ 経済的に恵まれた家庭に育つ
◐ grow up in a wealthy [an economically privileged] family

❑ 広い庭のある一軒家に住む ◐ live in a house with a large garden

❑ ホームシックになる ◐ get homesick

幸福

❑ 本当の幸せ ◐ real happiness

❑ 喜びと悲しみ ◐ joys and sorrows

❑ 幸福の要因 ◐ factors for [× of] happiness

❑ 幸福は人生の目的ではない。 ◐ Happiness is not the purpose of life.

❑ …のときだけ感じる高揚感
◐ the excitement [elation] you feel only when ...

悩み

Basic Vocabulary

悩み　worry
悩む　worry（▶動作）
悩んでいる　be worried（▶状態）

❑ 心配を取り除く
◐ get rid of [remove] your anxiety [worries]（▶ anxietyは「将来に関する不安な気持ち」、worriesは「個人的な心配事」を表す日常語）

❑ 悩みを生み出す原因をつきとめる ◐ identify the cause of anxiety

❑ あれこれ悩んでいるうちに時が過ぎる。
◐ Time passes while I am thinking over what to do.

❑ 今悩んでいることは実はとても些細なことだとわかる。
◐ You will realize what you are worrying about now is actually very trivial.

❏ 彼は…について周囲に不満を漏らしていた。
➲ He complained about ... to the people around him.

❏ 他人との比較をやめる ➲ stop comparing yourself to others

❏ 生きていることの意味を問う
➲ ask what the meaning [purpose] of life is

夢

❏ 夢を実現させる ➲ realize your dream

❏ 子どもの頃の夢を果たす ➲ fulfill a childhood dream

❏ 夢に向かって努力し続ける
➲ keep trying to make your dream come true

❏ 警察官になるのが子どもの頃からの夢だった。
➲ Becoming a police officer has been my dream since childhood.

❏ 夢を追いかける ➲ follow [chase] your dream

❏ 悪い夢を見る ➲ have bad dreams (▶「見る」に× seeは使わない)

51 人生 (2) 失敗と成功、努力、問題解決

失敗と成功

Basic Vocabulary

失敗　failure / a mistake（▶ failureは「目的が達成できないこと」、mistakeは「誤り；間違い」）
失敗する　fail
成功　success
成功する　succeed
間違いを犯す　make a mistake
教訓　a lesson

- ❑ 失敗を恐れるな。 ➲ Don't be afraid of making mistakes.
- ❑ 間違いを犯すことを恥じる ➲ be ashamed of making mistakes
- ❑ できるだけ間違いをしないようにする
  ➲ try to make as few mistakes as possible / try to avoid making mistakes as much as possible（▶それぞれas ... as possible の位置に注意）
- ❑ 再び同じ失敗をするのを避ける
  ➲ avoid making the same mistakes again
- ❑ 誤りを率直に認める ➲ honestly admit your mistakes
- ❑ 人生に失敗はつきものだ。
  ➲ Failures are part of life. / Failures are bound to happen in life.（▶ failureは「失敗した試み」の意味では可算名詞。be bound to 一は「きっと一する」）
- ❑ 失敗は成功につきものだ。
  ➲ Failure is a (necessary) part of success.
- ❑ 失敗を重ねる
  ➲ make many mistakes / make one mistake after another（▶ one ... after another は「次々と」の意味）
- ❑ 不可能を可能にする ➲ make the impossible possible
- ❑ やる気を高める ➲ motivate yourself / give yourself motivation

❑ 初めての負けた経験 ➲ your first experience of defeat

❑ スランプにおちいる ➲ get [fall] into a slump

❑ どうしようもないと感じる。
➲ You feel you can't do anything (about it). / You feel helpless.

❑ 自分を取るに足らない人間だと感じる。
➲ You feel you are an insignificant person [a person of little importance].

❑ 結果に一喜一憂する
➲ be swayed by joy and sorrow depending on the results

❑ 多少のリスクを負う覚悟が必要である
➲ have to be prepared to take some risk

❑ 持っているもので最善をつくす
➲ do your best with what you have

❑ 成功するまで試し続ける ➲ keep trying until you succeed

❑ 間違いから教訓を学ぶ ➲ learn a lesson from your mistake

❑ 経験から得た教訓 ➲ lessons learned from experience

❑ 成功したときのこの上ない喜び ➲ the greatest joy of success

❑ 今の自分を肯定できる
➲ believe in your current self

❑ 何もかも1回目で完璧に行うのは不可能だ。
➲ It's impossible to do everything perfectly on your first try.

❑ 運に頼らない ➲ do not rely on luck

❑ (…に対して) 前向きな姿勢を保ち続ける
➲ keep a positive attitude (toward ...) (▶ positiveの反対はnegative)

❑ …の副次的な生産物 ➲ a byproduct of ...

❑ 転ばぬ先の杖。
➲ Look before you leap. (▶直訳は「跳ぶ前に見ろ」で「良く考えてから行動しなさい」の意味) / Better safe than sorry. (▶直訳は「後悔するより安全策をとる方がよい」)

❑ 踏み出す勇気が必要 ➲ need the courage to take a step forward

❑ チャレンジ精神 ➲ the spirit of trying new things

❏ 達成感を感じる ➲ feel a sense of achievement

❏ 地位や名声を得る ➲ achieve [gain] status or fame

努力

Basic Vocabulary

努力する　make an effort

❏ 目標達成のために努力し続ける
➲ keep making efforts to achieve your goals

❏ 地道に努力する ➲ make a continuous [steady] effort

❏ 長年の努力の結晶 ➲ the fruit of many years of effort

❏ 互いに競争し合う
➲ compete with each other（▶ with を落とさないよう注意）

❏ あきらめずに何度も立ち上がる ➲ do not give up and keep going

❏ 並々ならぬ努力が必要だ ➲ need an extraordinary effort

❏ あれだけ努力したにもかかわらず
➲ in spite of (all) the efforts you made

問題解決

❏ 解決策を考え出す ➲ work out solutions

❏ 問題分析ができない ➲ cannot analyze problems

❏ 問題を多角的に見る
➲ look at problems from various viewpoints [from different angles]

❏ 物事を客観的に見る ➲ look at matters objectively

❏ 物事の本質を見極める ➲ find out the essence of things

❏ 冷静に状況を判断する ➲ judge the situation calmly

❏ それに全力で取り組む ➲ try your best to deal with it

❏ その問題に真正面から取り組む
➲ tackle the problem head-on（▶ head-on は「避けようとせずに」の意味の

副詞)

- ❏ 目の前の問題を解決する ⭘ solve the problem in front of you
- ❏ 見逃せない問題 ⭘ a problem you cannot overlook
- ❏ 武力ではなく話し合いで問題を解決する
  ⭘ solve problems by talk, not by force
- ❏ 目標を設定する ⭘ set a goal
- ❏ 現実的な締め切りを設定する ⭘ set a realistic deadline
- ❏ やりたいことに優先順位をつける
  ⭘ put the things you want to do in order of priority (▶ put ... in order of priority は「…を優先度の順に並べる」の意味)
- ❏ 複数のことを同時並行で処理する
  ⭘ deal with several things at the same time
- ❏ 試行錯誤の間 ⭘ during the time [period] of trial and error
- ❏ 何かが解決できた瞬間に ⭘ at the moment you can solve something
- ❏ 困難を乗り越える[克服する] ⭘ get over [overcome] obstacles
- ❏ 今後の課題と展望 ⭘ the tasks and prospects for the future
- ❏ 大いに改善の余地がある。
  ⭘ There is a lot of room for improvement. (▶ room は「余地」の意味の不可算名詞)
- ❏ より強硬な対策を講じる ⭘ take stronger measures

52 社交 社交、友情、孤独

社交

Basic Vocabulary

人とつきあう socialize with ...
社交的な be sociable
相手 the other person / others（▶文脈によって様々な訳し方が可能で、前者は「もう一人の人」、後者は「他人（複数）」の意味。なおotherは単数形で「(一人の) 他人」を表す用法はない）

❏ 人づきあいが得意だ。
➲ I'm good at socializing. / I get along well with people.

❏ 人づきあいが苦手だ。➲ I'm not good at socializing. / I'm a bad mixer.

❏ つきあいが悪いと思われるのが嫌だ。
➲ I hate people thinking I'm not sociable.（▶ hateの目的語は動名詞thinkingで、peopleはその意味上の主語）

❏ 人間関係が希薄になりつつある。
➲ Human relationships are becoming weak.

❏ 一人（きり）の時間を確保する
➲ set aside [secure] time to be alone（▶ set asideは「…を取っておく）

❏（本当に）信頼できるのは自分だけだ。
➲ The only person you can (truly) rely on is you [yourself].

❏ 友人からの援助を期待する ➲ expect help from friends

❏ …と確固たる信頼関係を築く
➲ establish a firm relationship of trust with ...

❏ 周りの人と良好な関係を築く
➲ establish good relationships with the people around you（▶「周りの人」を× around peopleとしないこと）

❏ 誘いを断りづらい ➲ find it hard to turn down the invitation

❑ ノーと言えない状態に追い込まれる
➲ be driven into a situation where you can't say no

❑ 他人からの同調圧力を感じる
➲ feel a lot of peer pressure from others（▶「同調圧力に屈しない」は resist peer pressure）

❑ 友だちを失うことを恐れる ➲ be afraid of losing your friends

❑ 面倒な仕事を引き受ける ➲ take on [accept] troublesome work

❑ 波風を立てたくない。
➲ I don't want to rock the boat.（▶ rock the boat は「ボートを揺らす」が直訳で、「安定している状態を批判して変えようとして問題を起こす」といった意味の熟語）

❑ …とのきずなを強める ➲ strengthen bonds with ...

❑ 自己主張する ➲ assert your own ideas

❑ もし私たちのスケジュールが合えば
➲ if our schedules permit [work out]

❑ …と適当な距離を置いてつきあう
➲ keep an appropriate distance from ... / try not to get too close to ...（▶後者は「…に近づきすぎないようにする」が直訳。close は形容詞で発音は /clóus/）

❑ その人の話を丁寧に聞く ➲ listen attentively to the person

❑ うそも方便。
➲ A lie can be justified depending on the situation.（▶「うそは状況次第で正当化できる」が直訳）

❑ 平然とうそをつく ➲ tell a lie without feeling guilty

❑ 他人のうそを見抜く ➲ can tell when others are lying (to you)

❑ 誤解を招く ➲ cause misunderstanding

❑ 仲間を信頼する
➲ trust your friends（▶「仲間」は他に、colleagues（職場の同僚）、coworkers（仕事仲間）、companions などの語があり、文脈によって訳し分ける必要がある）

❑ 他者から必要とされる ➲ be needed by others

❏ 地下鉄の階段口で彼女と待ち合わせる
✪ decide to meet her at the subway entrance stairs

❏ 場の空気を読む ✪ sense the atmosphere of the place (▶ sense は「察知する；感じ取る」の意味の動詞)

❏ 誰にでも愛嬌をふりまく ✪ try to be nice to everyone

❏ 自然体でいられる。
✪ You can stay the way you are. / You can be your true self.

❏ 一人でいる方が好き ✪ prefer to be alone

❏ 限られた交際範囲では ✪ within a limited circle of friends

❏ 決定に黙って従う ✪ remain silent about the decision

❏ 寛容の態度を養う ✪ develop [build] an attitude of tolerance

❏ (…と) 強力なパートナーシップを築く
✪ build a strong partnership (with ...)

❏ 面と向かって人と話す ✪ talk face to face with someone

❏ 人と長時間いっしょにいるとどこか鬱陶《うっとう》しくなる。
✪ When you are with someone for a long time, you start feeling somewhat annoyed.

❏ 第一印象で人を判断する
✪ judge others based on your first impressions (▶ × their first impressions ではないことに注意)

❏ 初対面の人物とほんの少し言葉を交わす
✪ exchange a few words with someone you met for the first time

友情

Basic Vocabulary

友情 friendship
…と友だちになる make friends with ... (▶ friendsが複数形であることに注意)

❏ 親友 ✪ a close friend

❏ 高校のときの友だち ➲ a friend from high school

❏ 大学で友だちをできるだけたくさんつくる
➲ make as many friends as possible in college（▶ × make friends as many as possible という語順にしないよう注意）

❏ 自分と似た友だちを選ぶ
➲ choose friends who are similar to yourself

❏ 真の友情 ➲ a true friendship

❏ 友情を深める
➲ develop [strengthen / promote] our friendship / become better friends

❏ 友情を傷つける ➲ damage the friendship

❏ このことが長い友情のきっかけとなった。
➲ This started a long (-lasting) friendship.

❏ 友だちから金を借りる ➲ borrow money from a friend

孤独

❏ 孤独を経験する ➲ experience loneliness

❏ 孤独に対処する ➲ cope with loneliness

❏ 孤独を気にしない ➲ do not mind being alone

❏ 社会的孤立を克服する ➲ overcome social isolation

❏ 疎外感を感じる ➲ feel isolated

❏ 仲間はずれにされる ➲ be left out from the group

❏ 引きこもり ➲ (acute) social withdrawal

❏ 自閉症になる ➲ develop autism

53 価値観

価値観

Basic Vocabulary

価値観　values（▶複数形）

❏ 価値観の違いが理由で
 ◐ because of a difference in values / because we have different values
❏ 道徳的価値観 ◐ moral values
❏ 価値観は一人一人違う。
 ◐ Values vary from person to person. / Different people have different values. (→p.234) / We are different from one another in values.
❏ 自分の価値観に沿って生きる ◐ live according to your values
❏ 自分の価値観だけが正しいと思い込む
 ◐ think that only your values are correct
❏ 自分の価値観ですべての物事を判断する
 ◐ decide everything with your own sense of values
❏ 他人の価値観を否定する ◐ deny others' values
❏ 自分自身と違う考えを攻撃する
 ◐ attack ideas that are different from your own
❏ 他人の気持ちを理解する ◐ understand the feelings of other people
❏ 子どもに価値観を教える ◐ teach children values
❏ ジェネレーションギャップを感じる ◐ feel the generation gap
❏ 両親と私は世代が違う。
 ◐ My parents and I are from different generations.
❏ 古い考えにこだわって新しい考え方を受け付けない
 ◐ stick to old ideas and reject new ways of thinking
❏ より広い視点から世界を見る ◐ see the world from a wider perspective
❏ 人生の様々な疑問に対する答え ◐ the answers to various questions in life
❏ …に関して一致した見解はない。◐ There is no consensus about [on] ....

54 思想 思考、思想、論理、心、議論

思考

- ❑ 思考や感情を言い表す ➡ express your thoughts and emotions
- ❑ 創造的思考ができる
  ➡ can do creative thinking / can think creatively
- ❑ 考えを深める
  ➡ deepen your understanding [thoughts]（▶ deepen your understanding は「理解を深める」の意味）/ think more deeply
- ❑ 考えをまとめる ➡ organize your thoughts
- ❑ 合理的に考える ➡ think rationally [logically]
- ❑ 考え方が柔軟である ➡ be flexible in your thinking
- ❑ 柔軟な思考が必要である。➡ You need a flexible way of thinking.
- ❑ …という固定観念に縛られる
  ➡ be obsessed with the fixed idea that ... / be bound by the preconceived notion that ...
- ❑ 全然違うことを考える ➡ think about completely different things
- ❑ 思考が行き詰まった。
  ➡ I got stuck in thought.（▶ get stuck は「行き詰まる」）
- ❑ 少し違う考えを提起する ➡ bring up a slightly different idea
- ❑ 脳の働き ➡ the function of the brain
- ❑ 視野が広がる。➡ Your horizons broaden.
- ❑ 好奇心が刺激される。➡ Your curiosity is excited [piqued].
- ❑ …について新たな疑問が芽生える。➡ New questions arise about ....
- ❑ 自問する ➡ ask yourself

思想、論理

Basic Vocabulary

思想　thought（▶「考え」の意味では可算名詞→p139）
思想家　a thinker
哲学　philosophy
哲学者　a philosopher
論理　logic

❏ それまで無関係だと思っていた複数の法則
➲ several laws that you thought were not related

❏ 過去の哲学者がどんな問題に向き合ったのかを知る
➲ learn what problems philosophers of the past faced

❏ 先人たちの知恵 ➲ wisdom of the past / wisdom of our forefathers

❏ つじつまの合わないところがあれば
➲ if you find some parts are not consistent [logical] / if there are some parts that do not make sense / if something doesn't add up（▶ add upは「つじつまが合う」の意味）

❏ …を数だけの観点から考える
➲ think ... only in terms of number（▶ in terms of ...は「…という観点から」の意味）

❏ 足りない部分を補って［想像して］理解しようとする
➲ try to understand by filling in [imagining] what is missing

❏ 矛盾を解消する ➲ resolve the contradiction

❏ 確証バイアスに影響される ➲ be affected by confirmation bias

心

❏ 心の成長に必要である ➲ be necessary for mental growth

❏ 現在の心の状態
➲ your present state of mind / how your mental state is

❏ 心の壁を取り除く
✪ break down psychological [mental] barriers（▶ psychological は「心理的な」）

❏ 心の傷を癒す
✪ heal psychological wounds（▶ wound の発音は /wúːnd/）

❏ 心理療法によって ✪ by [with] psychotherapy

❏ わたしはメンタルが弱い
✪ I'm mentally weak.（▶英語の mental は形容詞であることに注意）

議論

❏ 激しい議論をする
✪ have a heated discussion（▶ heated は「〈議論などが〉熱気を帯びた」）

❏ …に反論する
✪ disagree with ... / challenge ... / talk back to ...（▶「口答えをする」の意味）

❏ 具体例をあげる ✪ give a specific example

❏ 根拠を示す
✪ show the grounds / show its source（▶ source は「情報源」）

❏ お互いを批判しあう ✪ criticize each other

❏ …については賛否両論がある。
✪ There are arguments both for and against ...（▶ for ... は「…に賛成の」、against ... は「…に反対の」の意味の前置詞）/ ... is a controversial matter.（▶ controversial は「議論の余地のある」の意味）

❏ 結論に達する ✪ come to a conclusion

❏ そのデータから私はある結論に達した。
✪ The data led me to a conclusion.（▶ lead ... to ～で「…を～へと導く」）

55 読書 読書、文学

読書

Basic Vocabulary

本を読む read books
著者 an author（▶発音は /ɔ́:θɚ/）
作家 a writer
小説 a novel

- ❏ 読書の習慣をつける ➲ get into the habit of reading
- ❏ 読書に熱中している ➲ be absorbed in reading
- ❏ 私にとって最も強く印象に残っている本
 ➲ the book that impressed me the most
- ❏ 入門書を読む ➲ read books for beginners
- ❏ 本から多くの大切なことを学ぶ
 ➲ learn a lot of important things from books
- ❏ 目的によって本の読み方は変わる
 ➲ read differently depending on the purpose
- ❏ きちんと製本された真新しい本 ➲ brand new, well-bound books
- ❏ 何気なく手に取った本 ➲ the book you casually picked up
- ❏ 本を買っても読まない ➲ buy books but do not read them
- ❏ その分野の古典的な著作を読む ➲ read the classics in the field
- ❏ いわゆる名作を読む ➲ read the so-called great [classic] books
- ❏ 興味のある分野の本
 ➲ a book about something you are interested in
- ❏ 筆者の考えをそのまま受け入れる
 ➲ accept the writer's ideas as they are uncritically [without questioning]
- ❏ 読書を通じて、それまでの人生を見直す
 ➲ reflect on your life so far through reading

❑ 作者の視点で世界を見る
○ see the world from the writer's perspective

❑ その本が日の目を見るかどうか
○ whether the book sees the light of day（▶ see the light of day は「(本が) 出版される」の意味の熟語）

❑ この作品は世界中の読者を魅了し続けている。
○ This work continues to fascinate [enchant] readers all over the world.

❑ 私たちを魅了してやまない
○ never cease to fascinate us（▶ cease to —は「—するのを止めない」が直訳。cease の発音は /síːs/）

❑ 電子書籍の普及が急速に進んできた。
○ E-books [Electronic books] have rapidly become widespread.

❑ 若者の活字離れを助長する
○ encourage young people to lose interest in books

❑ そのサイトに本のレビュー［書評］を投稿する
○ post a book review on the website

❑ 未知の世界を探求する
○ explore the unknown（▶ the unknown で「未知の世界」）

❑ オーディオブックを聞く ○ listen to audiobooks

文学

❑ 歴史や文学を勉強する ○ study history and literature

❑ 童話の主人公
○ the main character of a children's story（▶ a と所有格は名詞の前に同時に置けないが、この children's という所有格は「子ども向けの」の意味で形容詞化しているので a といっしょに使える）

❑ ノーベル文学賞を受賞する ○ win the Nobel Prize in Literature

❑ 修辞法［レトリック］を上達させる ○ improve your rhetoric

56 言語 (1) 言語、外国語学習、早期英語教育、通訳、翻訳

言語

Basic Vocabulary

言語 language
単語 a word
語彙 vocabulary (▶-laryの部分の綴りに注意)
文法 grammar (▶語末がerではなくarであることに注意)
文字 a letter (▶アルファベットなどの表音文字) /
a character (▶漢字などの表意文字)
日本語 Japanese / the Japanese language (▶theをつけないで ×Japanese languageとしないこと)
発音 pronunciation (▶「発音する」という動詞pronounce の綴りにつられて×pronounciationと書く誤りが非常に多い)

❑ 言語は意思伝達の手段である。
✪ Language is a means of communication. (▶languageは一般的に「言語(というもの)」の意味では不可算名詞)

❑ ヨーロッパの言語 ✪ European languages (▶個々の言語を指す場合は可算)

❑ 文字を持たない言語 ✪ languages without letters

❑ 語彙を増やす ✪ expand [increase] your vocabulary

❑ 英語は語彙が豊富だ。
✪ English has a large vocabulary (▶「多い」はmanyではなくlargeを使う。この用法ではaをつける)

❑ 英語を母(国)語としない国
✪ countries where English is not the mother tongue [the native language]

❑ 思考の基礎にある母語が獲得される。
✪ A mother tongue, which your thoughts are based on, is acquired.

❑ この英単語は…という意味のラテン語の単語から来ている。
✪ This English word comes from a Latin word meaning ....

❑ 日本語は文の主語を省くことが多い。
⭘ In Japanese the subject of a sentence is often left out.

❑ この2つのことわざは矛盾しているように思える。
⭘ These two proverbs seem to contradict each other.

❑ 私たちの思考は言語に操られている。
⭘ Our thoughts are controlled by our languages.

❑ 今地球には七千ぐらいの言葉があると言われている。
⭘ It is said that there are about seven thousand languages on Earth now.

❑ …は今世紀末までには絶滅しているだろう。
⭘ ... will have become extinct by the end of this century.

❑ 絶滅の危機にある言語を保護する ⭘ protect endangered languages

❑ その土地の方言を保存する ⭘ preserve local dialects (▶「方言」を発音の違いに焦点を置いて言うときはaccentという語も使われる)

外国語学習

❑ 外国語を学ぶ目的 ⭘ the purpose of studying a foreign language

❑ 日本の学生の英語力の低下
⭘ a decline in the English ability of Japanese students

❑ 辞書を引く ⭘ consult a dictionary

❑ 辞書で調べた単語にマーカーで線を引く [下線を引く]
⭘ highlight [underline] the word you've looked up in a dictionary (▶ highlight ...は「…をマーカーで目立たせる」の意味。「マーカー」は英語でhighlighter)

❑ 電子辞書なら紙の辞書ではできない複雑な検索ができる。
⭘ With an electronic dictionary, you can do complex searches that would be impossible with a paper dictionary.

❑ やさしい英語で書かれた本をたくさん読む
⭘ read many books written in easy English

❑ 英文を音読する
⭘ read aloud English (sentences) (▶ aloudは「声に出して」の意味の副詞)

❑ 自然な英語表現を身につけたい。
⭘ I want to learn natural English expressions.

❑ 文法的な間違いはない。
⭘ There is no grammatical error. / There are no grammatical errors.

❑ 選択科目 ⭘ an optional [《主に米》 elective] subject

❑ 必修科目 ⭘ a compulsory [required] subject

❑ 英語のリスニングが苦手だ。
⭘ I'm not good at understanding spoken English.

❑ 英語の音に耳を慣らす ⭘ accustom your ears to English sounds

❑ 授業で学んだことを実践する
⭘ put into practice what you have learned in class (▶put ... into practice は「…を実行に移す」)

❑ 通退勤の電車の中でも英語を勉強する
⭘ study English even on the train on your way to and from work

❑ 海外で日本語を教える ⭘ teach Japanese overseas

❑ 異文化理解を深める最適な方法
⭘ the best way to deepen your understanding of different cultures

早期英語教育

Pros & Cons

早期英語教育賛成

❑ 早いうちから英語に親しむ
⭘ become familiar with English from a young age

❑ 外国語は早く学び始めるほどよいとよく言われる。
⭘ It is often said that the earlier you start learning foreign languages, the better.

❑ 英語は世界の共通語だ。
⭘ English is a common language all over the world.

❑ 英語のリスニングの力を伸ばす
⭘ improve your English listening (comprehension) skills

❑ 外国語学習は子どもを外国の慣習や文化に触れさせる。
➲ Foreign language study exposes children to the customs and cultures of other countries.

❑ 外国語学習は子どもの世界に対する理解を高める。
➲ Foreign language study improves children's understanding of the world.

❑ 英語が話せれば選べる職業の幅が広がる。
➲ If you can speak English, you'll have a greater number of possible careers to choose from [you'll have a wider career choices].

早期英語教育反対

❑ 早く始めれば英語がペラペラになるというのは幻想だ。
➲ It is an illusion to believe that if you start learning English at an early age you will be able to speak it fluently.

❑ 子どもはまず（他の言語を学び始める前に）母語をしっかりと話せるようになる必要がある。
➲ Children need to learn their own mother tongue well first (before starting to learn another language). (▶firstをat firstとしない)

❑ 小学生は英語を学ぶ他にやるべきことがたくさんある。
➲ Elementary school students have a lot of things to do besides studying English.

通訳、翻訳

Basic Vocabulary

通訳者　an interpreter /ɪntə́ːprɪtɚ/
翻訳　translation
翻訳家　a translator
翻訳する　translate
通訳する　interpret /ɪntə́ːprɪt/

❏ フランス語の通訳(者)になりたい。 ➲ I want to be a French interpreter.

❏ 大臣の通訳をする ➲ interpret for the minister

❏ 通訳を担当する[通訳を勤める]際に、どのような事を心がけていますか？
➲ When you work as an interpreter, what things do you have to keep in mind?

❏ 言葉の壁 ➲ a language barrier

❏ 翻訳したいフレーズを入力する
➲ type in a phrase you want to translate

❏ この小説は英語やそれ以外の多くの言葉に翻訳されている。
➲ This novel is translated into English and many other languages. (▶「それ以外の多くの」を other many という語順で書かないこと)

▶ More Words! ➲ 言語名 ◀

アラビア語	Arabic	ドイツ語	German
イタリア語	Italian	フランス語	French
韓国[朝鮮]語	Korean	ポルトガル語	Portuguese
ギリシャ語	Greek	モンゴル語	Mongolian
古典語	a classical language	ラテン語	Latin
スペイン語	Spanish	ロシア語	Russian
中国語	Chinese	オランダ語	Dutch

57 言語 (2) 社内英語公用語化

社内英語公用語化

Basic Vocabulary

社内で英語を話す speak English in the company
社内の in-house (▶「組織内の; 企業内の」の意味の形容詞) / internal (▶「組織内の」の意味の形容詞)
公用語 an official language
国際化する internationalize
グローバル化する globalize

❑ 社内の公用語として英語を採用する
⊙ adopt English as an in-house language

❑ その会社は英語を社内の公用語にした。
⊙ The company has made English its official (corporate) language.

❑ 社内での英語使用を奨励する
⊙ encourage the use of English in the company

❑ 従業員のほとんどが日本人なのに
⊙ when the workforce is mostly Japanese (▶ workforceは「全従業員」の意味)

❑ 社内のコミュニケーションはすべて英語で行わなければならない。
⊙ All internal communications must be carried out in English. (▶ carry outは「…を実施[実行]する」)

❑ 従業員の英語力を高める ⊙ improve employees' English skills

❑ 英語のみの仕事環境 ⊙ an English-only work environment

❑ グローバル化を進める ⊙ promote globalization

❑ このグローバル化した社会において
⊙ in this globalized [global] society

❑ グローバル化に必要な言語技能を身につける
⊙ acquire language skills needed for globalization

❑ 国際市場でより競争力が持てる
➲ be more competitive in the international market

❑ 有能だが英語力のない社員が昇進できない可能性がある。
➲ It is possible that competent employees without English proficiency will not be promoted.

❑ 英語の書類を日本語に翻訳する
➲ translate English documents into Japanese

❑ 製造過程を英語で説明する
➲ explain the manufacturing process in English

❑ 有能な外国人幹部を新規に採用する
➲ recruit talented non-Japanese executives

コラム

無意味な改行

最近の学生の答案を見て最初に気づくことは「段落が変わってもいないのにやたら改行する」答案が多いことです。一つの文が終わる度に、（まだ右側に単語を書く十分なスペースがあるのに）次の文を次の行の始めから書くのです。恐らくこれはパソコンや携帯での「メール」の書き方が影響しているのでしょう。メールでは文が行末までいかなくても、次の文はたいてい改行して行頭から書き始めますね。あれと同じ癖を英作文に持ち込んでいるのでしょう。英文が行末までいかないうちに改行するのは、原則として段落が変わったときだけです。

ただし例外もあります。よく、行末に長い単語が来ると、勝手にinternati-（改行）-onalのように単語を適当な位置で区切って、1つの単語を2行に分けて書く人がいますが、単語を2つに分けて書くときは、辞書の“-”の印のある部分で切らなければいけないのです。（しかも、実際には、“-”の記号があっても分けて書いてはいけない箇所もあります）　入試の本番では区切りの位置を辞書で確認できませんから、長い単語が行末に来た場合は、途中で切らずに、改行して次の行の行頭から書いたほうがよいでしょう。

58 文化　文化、日本人、学問

文化

Basic Vocabulary

文化　culture
伝統　tradition

- 日本の伝統文化 ◆ traditional Japanese culture（▶語順に注意）
- 現代の日本文化を象徴する ◆ represent modern Japanese culture
- 他の文化に対して柔軟である ◆ be generous toward other cultures
- 他国の文化を尊重する ◆ respect the cultures of other countries
- 互いの文化を理解しようとする
  ◆ try to understand each other's culture
- 文化の多様性を理解する
  ◆ understand the diversity of cultures [cultural diversity]
- 異文化に触れる ◆ learn about [be exposed to] different cultures
- 日本文化を新鮮な目で見ることができる。
  ◆ You can look at Japanese culture with fresh eyes.
- その国の慣習に従う ◆ follow the customs of the country

日本人

- 日本人の国民性 ◆ the national character of the Japanese (people)
- 日本人の名前は名字から先に書く。
  ◆ Japanese names are written with the family name first.
- 日本人のほほえみ ◆ Japanese people's smile
- 日本人は挨拶のときにおじぎをする。
  ◆ Japanese people bow when greeting each other.（▶bowは「おじぎをする」の意味では発音は /báu/）

❑ 日本人は勤勉な国民だと言われている。
⭘ The Japanese are said to be a hardworking people.（▶ a peopleは「国民；民族」の意味）

❑ 建て前と本音が異なる社会
⭘ a society where what you say (in public) and what you really think are different

学問

❑ 学問の面白さ ⭘ the joy of learning

❑ 学問の世界で活躍する ⭘ play an active part in an academic field

❑ 学問に王道なし。⭘ There is no royal road to learning.

❑ ノーベル賞を受賞する ⭘ win a Nobel Prize

❑ 激しい論争を巻き起こす学問
⭘ studies that cause fierce [great] controversy

❑ どこかで聞きかじった知識
⭘ the knowledge you (have) picked up somewhere

❑ 論文を執筆する
⭘ write a thesis（▶ thesis /θíːsis/ は学位取得のための論文で、複数形はtheses /θíːsiːz/。学術誌などに載る研究論文はa paper）

More Words! ⭘ 学問名

経済学	economics	医学	medicine
法学	law	薬学	pharmacology
社会学	sociology	農学	agriculture
政治学	political science	建築学	architecture
心理学	psychology	考古学	arch(a)eology
文学	literature	経営学	business administration
言語学	linguistics	歴史学	history
教育学	education	天文学	astronomy
工学	engineering	看護学	nursing science
理学	science		

59 歴史　歴史、歴史の学習

歴史

- …の歴史をたどる ○ trace back the history of ...
- 歴史をひもとく ○ read history books
- 人類の歴史が始まって以来 ○ since the beginning of human history
- 歴史上の人物 ○ historical figures / famous people in [from] history
- 偉人の逸話 ○ anecdotes about great people
- 江戸時代 ○ the Edo period
- 世界四大文明の一つ ○ one of the world's four great civilizations
- 実際には見ていないことを、まるで見てきたかのように書く
  ○ write about things you never saw as if you had actually seen them
- 当時の人々の生活する様子
  ○ people's lifestyles at that time / the way people in those days lived
- 私たちの先祖 ○ our ancestors
- 私たちは…の時代に生きている。
  ○ We live [We are living] in the age of ....

歴史の学習

Basic Vocabulary

日本史　Japanese history
(過去の) 経験から学ぶ　learn from (past) experience(s)

- 歴史は繰り返す。○ History repeats itself.
- 日本史を専攻する ○ major in Japanese history
- 古代史よりも現代史に時間をかけるべき
  ○ should spend more time on modern history than on ancient history

❑ 歴史の知識はその国の文化の理解に不可欠だ。
➲ Historical knowledge is essential to understanding the culture of that country.

❑ 何千年も前に起こったことの一部が現代の生活に依然として影響している。
➲ Some of the events that happened thousands of years ago still have an influence on our present-day life.

❑ 過去の人間が犯したのと同じような愚かな過ちを再び繰り返すことのないように
➲ in order not to repeat the same kind of stupid mistakes people in the past made

60 自然科学　(1)天気、宇宙、宇宙開発

天気

Basic Vocabulary

天気　weather (▶不可算名詞なのでaはつかないことに注意)
気候　climate

- ❑ 天気予報によると… ➲ the weather forecast [report] says that ...
- ❑ 天気予報を信頼する ➲ rely on [trust] the weather forecast [report]
- ❑ 今日初雪が降った。 ➲ Today we had the first snow of the year.
- ❑ 天気がだんだん回復した。 ➲ The weather gradually got better.
- ❑ もし天気が回復すれば ➲ if the weather improves [gets better]
- ❑ 雲行きが怪しくなってきた。
  ➲ The sky is starting to look ominous [threatening]. (▶ ominous「不吉な」)
- ❑ 雨が降りそうだ。 ➲ Looks as if it's going to rain.
- ❑ 明日は激しい雷雨に見舞われる。
  ➲ Tomorrow there will be a violent thunderstorm.
- ❑ スキーをしていたら吹雪になった。
  ➲ When I was skiing, I was caught in a snowstorm.
- ❑ 外の気温がどれだけ暑くても ➲ no matter how hot it is outside
- ❑ 日本の気候 ➲ the climate of Japan

宇宙

Basic Vocabulary

宇宙　the universe
宇宙空間　(outer) space
地球　the earth (▶固有名詞として扱うときは大文字でEarthと表記。なお、前置詞の後ではtheが省略されることがある)

❑ 宇宙空間を探検する ◎ explore outer space

❑ 宇宙飛行士になる ◎ become an astronaut

❑ 地球をとりまく大気の薄さ
◎ the thin atmosphere surrounding the earth（▶ × atomos- と書かないよう注意）

❑ 小惑星に着陸する ◎ land on an asteroid

❑ 無重力の中を飛行している宇宙船
◎ a spaceship traveling in zero gravity

❑ 光速に近づく ◎ get close to the speed of light

❑ 月への旅行 ◎ a trip to the moon

❑ 医学に大いに貢献する ◎ contribute greatly to medical science

❑ 星座の名前の由来 ◎ the origin of the name of the constellation

宇宙開発

❑ 宇宙開発はお金がかかる。◎ Space exploration costs a lot of money.

❑ 宇宙の調査に使われているお金は地球上の問題解決にまず使われるべきだ。
◎ The money being spent on space research must be used to solve the problems on earth first.

❑ 宇宙の起源を知る ◎ find out the origin of the universe

❑ 他に居住できる惑星を見つける ◎ find other planets to live on

❑ 宇宙から集めたデータが地球で役立つかもしれない。
◎ Data collected from space could be useful on earth.

❑ 宇宙ごみを除去する［減らす］ ◎ remove [reduce] space debris

❑ 宇宙に行く ◎ go to [into] space（▶ space は無冠詞）

61 自然科学 (2) 自然、春夏秋冬

自然

Basic Vocabulary

自然 nature (▶意味なくtheをつける誤りが多い)
四季 four seasons

❑ 自然との調和をはかりながら生きる ➲ live in harmony with nature

❑ 子どもを自然に触れさせる ➲ let children experience nature

❑ 自然と一体になる ➲ become one with nature

❑ 自然に囲まれて暮らす
➲ live surrounded by nature / live among nature

❑ 自然の風景 ➲ natural landscapes [scenery] (▶ sceneryは不可算名詞)

春夏秋冬

❑ 春の訪れを感じる。
➲ I feel the coming of spring. / I feel spring is just around the corner. (▶ just around the cornerは「もうすぐそこまで来ている」の意味)

❑ 花見に行く
➲ go to see cherry blossoms / have a picnic under the cherry trees

❑ 夏の到来とともに ➲ with the arrival of summer

❑ 紅葉《こうよう》が目に鮮やかだ。
➲ The autumn colors of the leaves are a delight to the eyes. (▶ a delightは「喜びを与えるもの」の意味) / The autumn leaves are vivid.

❑ 数年ぶりの大雪だ。
➲ This is the heaviest snowfall in the past few years.

62 通信 連絡、メール、郵便

連絡

❑ お互い連絡を取り合う
⭘ get in touch with each other / contact each other (▶ × contact with ...としないこと)

❑ 予定を確認して後で折り返し連絡 [電話] します
⭘ let me check my schedule and get back to you later [... and call you back later].

❑ ファックスで手書きの書類を送信する
⭘ send handwritten documents by fax

❑ 多くの会社はもはやファックスは使っていない。
⭘ Many companies no longer use fax machines.

メール

❑ メールを一斉送信する
⭘ send an email to a lot of people at one time (▶ at one timeは「一度に」の意味)

❑ メールはほぼ一瞬で着く。⭘ Emails arrive almost instantly.

❑ スマホでメールをやりとりする
⭘ exchange text messages over smartphones (▶スマホの場合はa textまたはa text messageを使う)

❑ 彼に (スマホで) メールを送った。⭘ I texted him. (▶ textは動詞)

❑ メールは環境に優しい。⭘ Emails are environmentally friendly.

❑ Eメールは1日のいつでも送れる。
⭘ You can send emails at any time of the day.

❑ Eメールで画像や映像も送れる。
⭘ You can send images and video through email.

❑ Eメールは紙を使わない。⭘ Emails are paperless.

❑ Eメールは人間味がない。 ➲ Emails are impersonal.

郵便

Basic Vocabulary

手書きで［パソコンで］手紙を書く　write letters by hand [on a computer]
手書きの手紙　a handwritten letter

❑ 手紙の保管は場所を取る。 ➲ You need a lot of space to store letters.

❑ ポストに手紙を出しに行く
➲ go out to the mailbox to send a letter（▶投函用のポストは《英》ではpostbox）

❑ 葉書にイラストを描く ➲ draw illustrations on a postcard

❑ 年賀状を出す ➲ send New Year's cards

❑ 封筒に切手を貼る ➲ put [stick] a stamp on an envelope

❑ 手書きの手紙は個性[人柄]を表す。
➲ Handwritten letters show [express] your personality [what kind of person you are].

❑ 個性が手書きの手紙に出る。
➲ Your personality shines through in a handwritten letter.（▶shine throughは「〈性質などが〉はっきり現れる」の意味）

❑ 見慣れた手書きの文字を見るのはいつもいいものだ。
➲ It is always nice to see familiar handwriting.

❑ 書いた字［手書きの文字］が読みづらい人もいる。
➲ Some people's handwriting is hard to read.

❑ グリーティングカードは紙のむだである。
➲ Greeting cards are a waste of paper.

63 マスコミ メディア、報道の倫理

メディア

- ❏ マスメディアで紹介される ❍ be introduced through the mass media
- ❏ 新しいメディアの登場 ❍ the rise of new media
- ❏ 新聞を購読する ❍ subscribe to a newspaper
- ❏ 新聞社 ❍ a newspaper company
- ❏ 昨日の新聞の記事によれば
  ❍ according to an article in yesterday's newspaper
- ❏ パソコン画面に無料で提供されるニュース情報
  ❍ free news information on the computer screen
- ❏ ベテランのアナウンサー ❍ an experienced announcer

報道の倫理

- ❏ 事実のみを報道する ❍ report only the facts
- ❏ ジャーナリズムでの客観性 ❍ objectivity in journalism
- ❏ ニュース報道の公平性 ❍ fairness in news reporting
- ❏ 世論を操作する ❍ manipulate public opinion
- ❏ 信憑性に欠けるニュース ❍ news that lacks credibility
- ❏ 検閲を強化する ❍ increase [promote] censorship
- ❏ その記事が他の記事とすり替えられた。
  ❍ The article was replaced with another article.
- ❏ テレビや新聞を信じる ❍ trust TV and newspapers
- ❏ 廃刊になる ❍ cease publication
- ❏ 有名人の私生活に焦点をあてすぎる
  ❍ pay too much attention to the personal lives of famous people
- ❏ 彼女の通話は盗聴され録音された。
  ❍ Her phone calls were tapped and recorded.（▶ tapは「盗聴する」）
- ❏ 陰謀論に振り回される ❍ be misled by conspiracy theories

64 日常生活　生活、生活用品、買い物、引越し、落とし物

生活

❏ 日常生活で
○ in our everyday lives (▶ everydayは形容詞なので1語で綴る) / in our daily lives

❏ 本当に生活に必要なもの
○ what we really need for living / what is really necessary for life

❏ 我々の暮らしをよくする ○ make our lives better

❏ 我々の [人々の] 生活を豊かにする ○ enrich our [people's] lives

❏ 小さな町の静かな生活を壊す
○ destroy the quiet lifestyle of a small town

❏ ライフスタイル [生活様式] を転換する
○ change your lifestyle [your way of life]

❏ できるだけお金を貯めようとする
○ try to save as much money as possible

❏ 彼の経済的不安が消えた。
○ His feeling of financial insecurity disappeared. / Fear of financial insecurity left him.

❏ 最低水準の生活を維持する
○ maintain the minimum standard of living

❏ 日記をつける ○ keep a diary

生活用品

❏ 生活必需品 ○ daily necessities / essential items in life

❏ 家電製品 ○ home [household] (electrical) appliances

❏ 照明器具
○ lighting equipment (▶ equipmentは不可算名詞なので-sがつかない)

❏ 部屋の隅にベッドを置く ○ put a bed in the corner of the room

買い物

- ❏ スーパーに買い物に行く
  - go shopping at a supermarket（▶前置詞にtoを使わないように注意）
- ❏ ほとんどのコンビニは24時間開いている。
  - Most convenience stores are open 24 hours a day.
- ❏ 買い物客の好みを調べる ◯ research the preferences of shoppers
  （▶ preference /préf(ə)rəns/ は「好み、嗜好」）
- ❏ 店頭で売っているパン ◯ bread (sold) in stores
- ❏ 自分へのご褒美にちょっと高いものを買う
  - buy something a little expensive as a reward for yourself

引越し

- ❏ 都会から田舎に引っ越す ◯ move from the city to the countryside
- ❏ 農村に移住する ◯ move to farming villages
- ❏ 職場の近くに引っ越す ◯ move close to your workplace
- ❏ 何回も引っ越す ◯ move a number of times
- ❏ 家賃を払う ◯ pay your rent
- ❏ 生涯を1つの場所で過ごす ◯ spend your entire lives in one place
- ❏ 会社まで往復2時間かかる
  - spend two hours going to and from work [commuting back and forth between work]

落とし物

- ❏ 落とし物を詳しく説明する
  - describe in detail what you lost（▶ in detailは「詳細に；詳しく」の意味）
- ❏ 書類に記入する ◯ fill out [in] a form
- ❏ 私はそれを遺失物取扱所に持っていった
  - I took it to the lost and found office [《英》the lost property office].

65 都会と田舎 都会と田舎、空き家

都会と田舎

Basic Vocabulary

都会　a large [big] city
小さな町　a small town
郊外　the suburbs（▶発音は /sʌ́bəːbz/）
田舎　the country / countryside（▶「田園地帯」の意味で不可算名詞）/ a rural area

❑ 都会［田舎地域］では生活のテンポが速い［遅い］
➲ The pace of life is fast [slow] in a city [in rural areas].

Pros & Cons

田舎暮らし賛成

❑ 郊外には緑が多い。➲ There is a lot of greenery in the suburbs.

❑ 子育てにいい環境
➲ a good environment for raising children

❑ ストレスのないのんびりした暮らしをする
➲ live a slow life without stress

❑ 田舎でのんびりと暮らす
➲ spend a leisurely life in the countryside

❑ 自然に囲まれてのんびりする ➲ relax surrounded by nature

❑ 広々とした家に住む ➲ live in a spacious house

❑ 田舎の方が都会より空気がきれいだ。
➲ The air in the country is cleaner than in the city.

❑ 田舎の方が土地が安い。
➲ Land prices are lower in the countryside.

都会暮らし賛成

❑ 大都市の方が移動が便利だ。
● In a big city, transportation is more convenient.

❑ 都市生活の便利さに慣れる
● get used to the conveniences of city life

❑ 都会の方が施設が充実している。
● There are more facilities in the city.

❑ 田舎は人とのつきあいが面倒なことがある。
● In a small town, dealing with people is sometimes stressful.

❑ 田舎はインフラが整備されていないので生活費がかかる。
● The infrastructure in rural areas is not well developed, so you need more living expenses.

空き家

Basic Vocabulary

過疎化　depopulation
人口の減少によって　because of population decline
空き家　vacant houses / abandoned homes / uninhabited houses / unoccupied homes

❑ 過疎化の進む地域 ● areas where depopulation is progressing

❑ 空き家をどうするかという問題
● the issue of what to do with vacant houses

❑ 空き家を維持する ● maintain abandoned homes

❑ 空き家を壊す［解体する］費用
● the cost of tearing [knocking] down vacant houses（▶動詞tear（引き裂く）の発音は/téə/)）

❑ 空き地［更地］にかかる税金 ● a tax on vacant lots

❑ 放置されたままになっている ● remain abandoned / be left vacant

❑ 所有者が死んだ後 ⭘ after the owner passed away（▶ passed awayは「亡くなる」にあたるdieの婉曲表現）
❑ 田舎の家 ⭘ houses in rural areas
❑ 子どもによって相続される ⭘ be inherited by your children
❑ まだ住める ⭘ be still habitable
❑ その家に愛着を感じている。 ⭘ I'm attached to the house.
❑ 心理的な要因が理由で ⭘ because of psychological factors
❑ 親の思い出のつまった家を処分する
⭘ dispose of the house full of memories of your parents（▶ dispose of ...は「処分する」の意味）
❑ 家を売ったことを後悔したくない。
⭘ I don't want to regret selling the house.（▶ regret —ingは「—したことを後悔する」）
❑ 新築（の家）の方を好む ⭘ prefer newly built homes
❑ 両親が介護施設に移った後、その家は空になる。
⭘ After my parents move to care facilities, the house will become vacant.
❑ 地方自治体 ⭘ a local government

66 芸術 芸術、美術、音楽、映画

芸術、美術

❏ 美術館に行く ➲ visit an art museum [gallery]

❏ 芸術作品 ➲ a work of art

❏ ミュージカルを見に行く ➲ go to see a musical

❏ 展覧会を見に行く ➲ go to see an exhibition

❏ 光の三原色
➲ the three primary colors of light（▶光の三原色はRGB（red, green, and blue））

❏ …を主題とした絵画 ➲ a painting on [with] the theme of ...

❏ 当地の歴史をより多く知ることができる。
➲ You can learn more about the local histories.

❏ 物体は遠くに離れていればいるほど、遠近法で小さく見える。
➲ The farther away an object is, the smaller it looks, in perspective.

❏ 現代建築 ➲ modern architecture

音楽

❏ クラシック音楽を聴く ➲ listen to classical music

❏ 癒しの音楽 ➲ soothing [healing] music

❏ 音楽の愛好者 ➲ a music lover

❏ 楽器を運ぶ ➲ carry musical instruments

❏ 友だちのバンドが明後日コンサートをする。
➲ My friends' [friend's] band is having a concert the day after tomorrow.（▶前者は友人が複数、後者は友人が単数の場合）.

❏ レコードを擦り切れるまで聞く
➲ listen to records until they are worn out

❏ それら歌の歌詞を全部覚えている
➲ remember all the words [lyrics] of [to] those songs

❑ ダウンロードした曲 ➲ downloaded music

❑ 曲を許可なくダウンロードする
➲ download music without permission

❑ ビートルズやクイーンを生み出した国
➲ a country that produced the Beatles and Queen

映画

❑ 映画を見にいく ➲ go to the movies

❑ 日本のアニメ映画 ➲ Japanese animation [anime] movies

❑ この町はこれまで多くの映画の舞台になった。
➲ This city has been the setting for a lot of movies.

❑ 映画や音楽の愛好家 ➲ a lover of movies or music

❑ この映画の続編も見たい。➲ I want to see a sequel to this movie.

❑ この映画のいちばん好きな登場人物
➲ my favorite character in this movie（▶「いちばん好きな」を × most favorite としないこと）

❑ ハリウッド映画 ➲ Hollywood movies

67 食生活 (1) 食事、料理、レストラン、外食

食事

❏ 食習慣の変化 ⭘ changes in eating habits

❏ 日本人の食生活 ⭘ Japanese eating habits

❏ 間食をする ⭘ eat between meals

❏ 朝食を抜く ⭘ skip breakfast

❏ 野菜を十分食べない ⭘ do not eat enough vegetables

❏ ベジタリアン用の食事
⭘ a vegetarian diet (▶このdietは「(栄養面からみた日常の) 食事」の意味) / vegetarian meals [dishes] (▶dishはp.169を参照)

❏ 魚アレルギーです。⭘ I'm allergic to fish. (▶allergicの発音は /əlɑ́ːdʒɪk/).

❏ 食事に気をつかう ⭘ be careful about what you eat

❏ お腹いっぱい食べる ⭘ eat until you are full

❏ 感謝して食べる ⭘ eat with gratitude

❏ いろんな種類のチーズを食べ比べてみる
⭘ try various kinds of cheese and compare their tastes

❏ 寿司は手で食べてよい。
⭘ You can eat sushi with your fingers. (▶× your handとしない)

❏ 庭でバーベキューをした。⭘ We had a barbecue in the yard.

❏ 食事らしい食事をしない
⭘ do not eat a proper meal / do not eat enough

❏ 家族と食事をする ⭘ eat with your family

❏ 電子レンジで残りものを温める
⭘ reheat [warm up] the leftovers in a microwave

❏ バランスのよい食事を心がけている。
⭘ I always try to eat a well-balanced diet.

❏ 保存食として ⭘ as preserved [nonperishable] food (items)

料理

Basic Vocabulary

料理　cooking (▶「料理をする行為」の意味) / food (▶「食べ物」の意味) / a dish (▶「皿の上にある完成した料理」を指す)

料理する　cook / prepare (▶ cookは「加熱調理する」の意味なので、加熱しない料理は後者を使う)

- ❑ (料理の) 材料 ➲ ingredients
- ❑ 日本の伝統的な料理の1つ ➲ one of the traditional Japanese dishes
- ❑ 日本料理の作り方を学ぶ ➲ learn how to make Japanese dishes
- ❑ 日本食の美 ➲ the beauty of Japanese food
- ❑ 日本食は健康にいい。➲ The Japanese diet is healthy. (▶ dietはp.168参照)
- ❑ 洋食 ➲ western [western-style] food
- ❑ 野菜の下ごしらえをする ➲ prepare vegetables for cooking
- ❑ 生地がしっかり膨らむのを待つ
  ➲ wait for the dough to rise completely [well] (▶ dough の発音は /dóu/。rise は「(酵母菌で) 膨れ上がる」の意味の自動詞)
- ❑ 自分の舌にいちばん合う ➲ suit your taste best
- ❑ パンを焼く
  ➲ bake bread (▶「パン生地を焼く」場合) / toast bread (▶「トーストする」場合)
- ❑ 手先の器用さが要求される。➲ You need to be good with your hands.
- ❑ 料理で友人をもてなす ➲ entertain friends with [× by] your cooking

レストラン、外食

- ❑ レストランの食事はカロリーが高い。
  ➲ Meals at restaurants are high in calories. (▶ restaurant の綴りに注意)
- ❑ 外食が多い ➲ often eat out
- ❑ 無料で水を出す
  ➲ serve water free of charge (▶ free of charge は「無料で」の意味)
- ❑ 正当な額を請求する ➲ charge a reasonable amount of money

68 食生活 (2) ダイエット、食の安全、食品名、食材名

ダイエット

Basic Vocabulary

痩《や》せる lose weight
太る gain [put on] weight
ダイエットをする go on a diet

- ❏ 痩せたい ➲ want to lose weight
- ❏ 痩せていなければいけないと感じる
  ➲ feel pressure to be slim [thin] (▶ slimの方が魅力的である響きがある)
- ❏ 必要以上に痩せようとする ➲ try to be thinner than you really should be
- ❏ 即効性があるとうたう器具 ➲ gadgets that promise instant success
- ❏ 脂肪を燃やす ➲ burn fat
- ❏ 最近お腹が出て来た。
  ➲ I'm getting fat around the middle these days. (▶ the middleは「腹回り」の意味)
- ❏ ウェストを細くする ➲ get a slim waist
- ❏ ソフトドリンクに砂糖税を課す
  ➲ levy [impose] a sugar tax on soft drinks
- ❏ 腹八分目を心がける ➲ be careful not to eat too much

食の安全

- ❏ 食の安全への関心
  ➲ concern about food safety (▶ food securityは「食糧安全保障」の意味)
- ❏ 安全な食品 ➲ safe food
- ❏ 加工食品 ➲ processed food
- ❏ 自然食品 ➲ organic food
- ❏ ジャンクフードを食べる ➲ eat junk food
- ❏ ファストフードを食べすぎる ➲ eat too much fast food

❏ 見知らぬ食べ物を口にすることには抵抗がある
⭘ be reluctant to eat unfamiliar food
❏ 衛生的に問題がありそうな食べ物
⭘ food that does not look hygienic [clean]
❏ 栄養成分表示の情報 ⭘ the information on a nutrition facts label
❏ 遺伝子組換え食品
⭘ genetically modified food (▶ GM foodと略されることもある)
❏ ゲノム編集食品 ⭘ genome-edited food (▶ genomeの発音は/ʤíːnoum/)
❏ 厚生労働省に承認される
⭘ be approved by the Ministry of Health, Labour and Welfare (▶厚生労働省のウェブサイトでは「労働」(《米》Labor)は英国綴りLabourで表記)

野菜、果物

❏ 野菜を多く摂る
⭘ eat a lot of vegetables (▶ × vegitablesと書かないよう注意。「野菜の摂取量を今より増やす」という意味ならeat more vegetables)
❏ 新鮮な野菜や果物 ⭘ fresh fruit(s) and vegetables
❏ リンゴの皮をむく ⭘ peel an apple
❏ 竹の子を柔らかく煮る ⭘ boil bamboo shoots until tender [soft]

飲み物

❏ お茶を出す ⭘ serve tea
❏ コーヒーを飲みながら ⭘ over a cup of coffee
❏ ホットコーヒーよりもアイスコーヒーの方が好き
⭘ prefer hot coffee to iced coffee

お菓子、スイーツ

❏ バレンタイン(デー)に男性の同僚にチョコをあげる
⭘ give chocolates to male colleagues on Valentine's Day
❏ 食後のデザート
⭘ dessert at the end of a meal (▶ dessertの発音は/dɪzə́ːt/。デザートは食事の一部なので× dessert after a mealは不自然)

69 もしも… 架空の想像

架空の想像

❑ もしもタイムマシンがあれば

➲ If I had a time machine, / If there were a time machine,

❑ もしも願いが1つかなうなら

➲ If one of my wishes were to come true, (▶ if S were to —は「もし仮にSが—するようなことがあれば」という議論の前提を持ち出す表現)

❑ もしも将来の自分に会えるなら

➲ If I could meet myself in the future,

❑ もしも5年前の自分に会えるなら

➲ If I could meet myself of five years ago,

❑ もしも無人島で暮らすなら

➲ If I lived on an uninhabited island,

❑ もしも宝くじで100万円当たったら

➲ If I won a million yen in a lottery,

❑ もしも自分の高校に関して何か1つ変えることができるなら

➲ If I could change one thing about my high school,

❑ もしも英語以外の外国語を1つ学ぶなら

➲ If I study one foreign language besides English, (▶英語を除外してはいないので、×except Englishとしない)

❑ もしも歴史上の人物に会えるなら

➲ If I could meet a (famous) person from history,

❑ もしも何かを発明するなら

➲ If I were to invent something,

※架空の想像に用いる仮定法の注意点についてはp.222からを参照のこと。

70 人物の描写　人物の性格・内面、リーダーの資質

人物の性格・内面

❑ いつも人に愛想がよい ⭘ be always pleasant to others
❑ 飽きっぽい人 ⭘ a person who gets bored easily
❑ おとなしい性格の子ども ⭘ a quiet child
❑ 活発な子 ⭘ an active [a lively] child
❑ 思いやりのある人 ⭘ a considerate person
❑ 頑固者 ⭘ a stubborn person
❑ 彼女は口数が少ない。⭘ She doesn't talk much.
❑ 自己中心的な人 ⭘ a self-centered person
❑ 常識のない人 ⭘ a person who lacks common sense
❑ 誠実な人 ⭘ a sincere person
❑ うちの息子は三日坊主だ。
⭘ My son can't stick to anything for long.（▶ stick to ... は「…に固執する」）
❑ 無邪気な子ども ⭘ an innocent child
❑ 彼は周りの人を楽しくさせる。
⭘ He makes people around him feel happy.（▶「周りの人」を × around people としないこと）
❑ 融通がきく人 ⭘ a flexible person（▶「融通がきかない」は inflexible）
❑ 楽天的な人 ⭘ an optimistic person（▶「悲観的な」は pessimistic）

その他の人物描写

❑ 相手を言い負かす ⭘ argue the other person down
❑ 海外で教育を受けた人々 ⭘ people who are educated abroad
❑ 教養のあるアメリカ人 ⭘ a well-educated American
❑ 初心者 ⭘ a beginner（▶ n が重なることに注意）
❑ 近所の人 ⭘ neighbors（▶隣の家に住む人は your next-door neighbor）

❑ 最前列の人 ➲ those in the front row (▶ row は「横の列」の意味)

❑ 私の前任者 ➲ my predecessor (▶発音は/prédəsèsə/)

❑ 私はこの分野の専門家ではない。
➲ I'm not an expert [a specialist] in this field.

❑ 他者から必要とされる人 ➲ a person needed by others

❑ (テレビ) タレント ➲ a (TV) personality

❑ 天才 ➲ a genius

❑ 私は方向音痴だ。➲ I have no sense of direction.

❑ 昨日街に酔っぱらいがたくさんいた。
➲ There were a lot of drunk people in town yesterday.

❑ 最近の若者
➲ young people these days [today] (▶ × recent young people としないこと)

❑ 私はジャイアンツのファンだ。➲ I'm a Giants fan.

❑ 金持ちの家の子ども ➲ children from rich families

リーダーの資質

❑ 彼にはリーダーの資質がある。
➲ He has the qualities of a leader. / He's got what it takes to be a leader. (▶ what it takes to —は「—するのに必要なもの」)

❑ 自分の意見をはっきり言う
➲ express your opinion clearly (▶「意見を言う」を× say your opinion としないこと)

❑ 誰に対しても公平である ➲ be fair to everyone

❑ 新しい意見を受け入れる ➲ accept new ideas

❑ 明確な指示を与える ➲ give clear directions

❑ 他人の意見に耳を傾ける寛大さがある
➲ be generous enough to listen to others' opinions

❑ 的確な判断をする ➲ make good decisions

71 動詞　動作・行動を表す語彙

（配列は動詞部分の50音順になっています）

- ❏ 来たる年の幸福を祈る ⭘ pray for happiness in New Year
- ❏ いばっている ⭘ be arrogant（▶ arrogantは「横柄な」）
- ❏ 自分がいやになる ⭘ start to hate yourself / get tired of yourself
- ❏ 他人のイヤホン［ヘッドホン］の音漏れにイライラする
  ⭘ be annoyed by the sound leaking from someone's earphones [headphones]
- ❏ もしも生まれ変わることができたら ⭘ if I could be born again
- ❏ 出発を翌日まで延期する ⭘ put off the departure until the next day
- ❏ フォークを床に落とす ⭘ drop a fork on the floor
- ❏ 流行に踊らされる ⭘ be (easily) influenced by what is in fashion
- ❏ 彼は海で溺れた。
  ⭘ He nearly drowned in the sea.（▶ drownは「溺れ死ぬ」の意味なので、日本語の「溺れる」はnearlyやalmostをつけて表現する）
- ❏ 他人の心を思いやる ⭘ understand how others feel
- ❏ お金を稼ぐ ⭘ earn money
- ❏ 時間を稼ぐ ⭘ play for time / buy time
- ❏ お互い頑張ろう。
  ⭘ Let's both do our best!（▶この「お互い」はeach otherではないことに注意）
- ❏ 政府が…に介入すべきではない。
  ⭘ The government should not intervene in ....
- ❏ 子どものために…を犠牲にする
  ⭘ sacrifice ... for the sake of your children
- ❏ 協力し合う
  ⭘ cooperate with each other（▶ cooperateは自動詞なので× cooperate each otherとしない）
- ❏ 石ころにけつまづいて倒れる ⭘ trip over a stone and fall
- ❏ 声を強めて言う ⭘ say, raising your voice
- ❏ その歌に込められたメッセージ ⭘ a message put into the song

❑ 家にこもりがち
○ tend to stay indoors (▶「社会から引きこもる」は withdraw from society)
❑ ころんでケガをする
○ fall down and get injured
❑ 自分の能力を最大限に発揮する ○ make the most of your abilities
❑ その起源は江戸時代にさかのぼる。
○ Its origin goes back to the Edo period.
❑ 朝早く海岸まで散歩するのを日課にしている。
○ I make it a daily routine to walk to the beach early in the morning [to take an early morning walk to the seaside].
❑「ありがとう」と言うよう厳しくしつけられる
○ be strictly taught to say "Thank you."
❑ 姿勢を正す ○ straighten up
❑ このことは重々承知している ○ be fully aware of this
❑ その質問に触発される ○ be motivated [inspired] by the question
❑ 深呼吸をする ○ breathe deeply
❑ 朝のすがすがしい空気を吸う ○ breathe in the fresh morning air
❑ 作家として生計をたてる ○ make a living as a writer
❑ こうした悪循環を是正する ○ stop such a vicious circle
❑ 仕事に妥協しない ○ try to be perfect in your work
❑ 電車が混んでいて甲府までずっと立ちっぱなしだった
○ The train was so crowded that I had to stand all the way to Kofu.
❑ その本を注文する ○ order the book
❑ 調査をする ○ conduct [carry out] a survey
❑ 便利さ［利便性］を追求する ○ pursue convenience
❑ 正体をつきとめる ○ find out what it really is
❑ 研究を続ける ○ continue research
❑ うちの娘は私の若い頃に似ている。
○ My daughter looks just as [like] I did when I was young.
❑ …は日本社会に深く根ざしている。
○ ... is deeply rooted in Japanese society.
❑ はいはいをする

◯ crawl（▶ crawlは「這う」の意味で、「地面を這う」はcrawl on the ground）
❑ カバンがドアにはさまれた。
◯ My bag got caught in the door.（▶両開きのドアならbetween the doors）
❑ 今こそ実力を発揮するときだ。
◯ Now is the time to show what you can do.
❑ 英語で話しかけられる ◯ be spoken to in English
❑ 彼の行動は顰蹙《ひんしゅく》を買った。
◯ His behavior was frowned on.（▶ be frownedは「いやな顔をされる」）
❑ ひざまづく ◯ kneel down（▶ kneelはkneel-knelt-kneltと活用）
❑ その建物は完全に復元された。
◯ The building was completely restored.
❑ 電車で足を踏まれた。◯ Someone stepped on my foot in the train.
❑ 銀座をぶらぶらする
◯ wander around the Ginza（▶「銀座」は定冠詞theをつける）
❑ 振り返った若い女性 ◯ the young woman who turned around
❑ 私に手を振る ◯ wave at me
❑ …のことでほめられる ◯ be praised for ...
❑ これは君に任せるよ。◯ I'll leave this to you.
❑ …で彼の右に出る人はいない。
◯ No one can beat him in ...（▶ beatは「…を負かす」）
❑ 窓の外に降る雨を見つめる
◯ watch the rain falling outside the window
❑ このことは一生胸にしまっておこう。
◯ I'll keep this in mind for the rest of my life.
❑ 目立ちたがらない ◯ do not want to stand out
❑ 長くもつ商品 ◯ products that can be used for a long time
❑ 判断を家族に委《ゆだ》ねる ◯ leave the decision to the family
❑ 欲張りすぎない方がいい。◯ You should not be too greedy.
❑ 街で呼び止められた。◯ I was stopped on the street.
❑ 夜ふかしをする ◯ stay up late at night
❑ 溜飲《りゅういん》を下げる ◯ feel satisfied
❑ 論破する ◯ argue and prove that the other person is wrong

72 場所名 国名、地域名、都市名、名所

国名、地域名は、名詞形、形容詞形、また言語名などが混乱しやすいので注意すること。以下に代表的なものを一覧表にしてあげておきます。

国名・地域名	形容詞 / 言語名	～人
the United States; the US; America	（形）American （言語）English	（1人）an American （複数）Americans
the UK; Britain; England（イギリスの一部）	（形）British, English （言語）English	（全住民）the British （1人）a Briton, an Englishman, an Englishwoman （複数）Britons Englishmen
Japan	（形、言語）Japanese	（全住民）the Japanese （1人）a Japanese （複数）Japanese (people)
France	（形、言語）French	（1人）a Frenchman, a Frenchwoman （複数）Frenchmen, Frenchwomen
Germany	（形、言語）German	（1人）a German （複数）Germans
China	（形、言語）Chinese	（1人）a Chinese （複数）Chinese (people)

注1） 国名の形容詞と「～語」「～人」は同一の単語であることが多いことは

知っておくとよい。

注2）「日本人」（複数）は単にJapaneseとしても誤りではないが「日本語」と紛らわしいことがあるので、ライティングで意味を曖昧にしたくないときは Japanese peopleとした方がよい。

国名、地域名（50音順）

- ❑ アジア ⭘ Asia（▶形容詞はAsian）
- ❑ アフガニスタン ⭘ Afghanistan
- ❑ イタリア ⭘ Italy（▶形容詞はItalian）
- ❑ インド ⭘ India（▶形容詞はIndian）
- ❑ インドネシア ⭘ Indonesia
- ❑ ウクライナ ⭘ Ukraine（▶発音は/juːkréɪn/）
- ❑ エジプト ⭘ Egypt（▶形容詞はEgyptian）
- ❑ オーストラリア ⭘ Australia（▶形容詞はAustralian）
- ❑ 欧米 ⭘ Europe and America（▶「欧米人」はpeople in Europe and America）
- ❑ カナダ ⭘ Canada
- ❑ 韓国 ⭘ South Korea（▶ Koreaの発音は /kəríːə/）
- ❑ ギリシャ ⭘ Greece（▶形容詞はGreek）
- ❑ シリア ⭘ Syria
- ❑ シンガポール ⭘ Singapore（▶最初を× Shin-としない）
- ❑ スイス ⭘ Switzerland（▶ Swissは「スイス（人）の」の意味の形容詞）
- ❑ タイ ⭘ Thailand（▶形容詞はThai）
- ❑ 台湾 ⭘ Taiwan
- ❑ 東南アジア ⭘ Southeast Asia
- ❑ トルコ ⭘ Turkey（▶形容詞はTurkish）
- ❑ ニュージーランド ⭘ New Zealand
- ❑ フィリピン ⭘ the Philippines（▶形容詞はFilipino）
- ❑ フィンランド ⭘ Finland（▶形容詞はFinnish）
- ❑ ベトナム ⭘ Vietnam（▶形容詞はVietnamese）

❏ 香港 ❍ Hong Kong
❏ 南アフリカ ❍ South Africa
❏ ヨーロッパ ❍ Europe（▶形容詞はEuropean）
❏ リビア ❍ Libya
❏ ロシア ❍ Russia（▶形容詞はRussian）

都市名

❏ アテネ ❍ Athens（▶発音は /ǽθɪnz/ ）
❏ 上海 ❍ Shanghai
❏ ソウル ❍ Seoul
❏ ニューヨーク ❍ New York
❏ パリ ❍ Paris
❏ ハリウッド ❍ Hollywood
❏ ハワイ ❍ Hawaii（▶発音は /həwάːii/）
❏ ブリスベン ❍ Brisbane（▶発音は /brízbən/）
❏ 北京 ❍ Beijing
❏ ホノルル ❍ Honolulu
❏ 香港 ❍ Hong Kong
❏ ミラノ ❍ Milan
❏ モスクワ ❍ Moscow（▶発音は /mά(ː)skoʊ/）
❏ ラスベガス ❍ Las Vegas
❏ リオデジャネイロ ❍ Rio de Janeiro
❏ ローマ ❍ Rome（▶「ローマ帝国」はthe Roman Empire）
❏ ロサンゼルス ❍ Los Angeles
❏ ロンドン ❍ London

その他（名所など）

- ❏ アラブ人 ● an Arab
- ❏ アルプスの山々 ● the mountains of the Alps
- ❏ イースター島 ● Easter Island
- ❏ エッフェル塔 ● the Eiffel Tower（▶ Eiffelの発音は /áɪf(ə)l /）
- ❏ エベレスト山 ● Mount Everest
- ❏ エンパイアステートビル ● the Empire State Building
- ❏ オックスフォード ● Oxford
- ❏ グリーンランド ● Greenland
- ❏ 自由の女神 ● the Statue of Liberty
- ❏ 首里城 ● Shurijo Castle Park; Shuri-jo Castle
- ❏ 赤道 ● the Equator
- ❏ 大西洋 ● the Atlantic Ocean
- ❏ 太平洋 ● the Pacific Ocean
- ❏ 地中海 ● the Mediterranean Sea
- ❏ 南極 ● the South Pole（▶「南極大陸」はAntarctica）
- ❏ ノートルダム寺院 ● Notre Dame
- ❏ バッキンガム宮殿 ● Buckingham Palace（▶ theはつけない）
- ❏ ピラミッド ● the Pyramids
- ❏ ブロードウェイ ● Broadway
- ❏ ペルシャ湾 ● the Persian Gulf
- ❏ 北極圏 ● the Arctic Circle
- ❏ マッターホルン ● the Matterhorn
- ❏ 靖国神社 ● Yasukuni Shrine
- ❏ ヤンキースタジアム ● Yankee Stadium
- ❏ ロンドンタワー ● the Tower of London

73 有名人

「あなたの尊敬する人」や「あなたが会ってみたい人」といったテーマで思いつきそうな外国人の名前（グループや架空の人物も含む）を50音順に配列しました。人名の発音は複数の読み方がある場合も多いので、辞書で確認してください。

❏ アインシュタイン ⭘ Albert Einstein /áɪnstàɪn/

❏ アガサ・クリスティー ⭘ Agatha Christie

❏ アリストテレス ⭘ Aristotle /ǽrəstɑ̀tl/

❏ アルキメデス ⭘ Archimedes /ɑ̀ɚkəmíːdiːz/

❏ イエスキリスト ⭘ Jesus Christ /kráɪst/

❏ エジソン ⭘ Thomas Edison

❏ ガウス ⭘ Gauss

❏ ガリレオ ⭘ Galileo /gæ̀ləlíːoʊ/ Galilei

❏ ガンジー ⭘ Gandhi

❏ キュリー夫人 ⭘ Marie Curie

❏ キング牧師
⭘ Martin Luther King Jr. (▶ Martin Luther /lúːθɚ/ は「マルチン・ルター」にちなんでつけられた)

❏ ケインズ ⭘ Keynes

❏ コナン・ドイル
⭘ Conan Doyle (▶ シャーロック・ホームズは Sherlock Holmes)

❏ コロンブス ⭘ Christopher Columbus /kəlʌ́mbəs/

❏ サリバン先生 ⭘ Anne Sullivan

❏ ジャンヌ・ダルク ⭘ Joan of Arc

❏ シェークスピア ⭘ William Shakespeare

❏ ショパン ⭘ Chopin /ʃóʊpæn/

❏ スティーブ・ジョブズ ⭘ Steve Jobs

- ❑ スピルバーグ監督 ➲ Steven Spielberg
- ❑ ソクラテス ➲ Socrates /sɑ́(ː)krətiːz/
- ❑ ダーウィン ➲ Charles Darwin
- ❑ ダ・ヴィンチ ➲ Leonard da Vinci
- ❑ チャップリン ➲ Charles Chaplin
- ❑ ディズニー ➲ Walt Disney
- ❑ ナイチンゲール ➲ Florence Nightingale
- ❑ ナポレオン ➲ Napoleon
- ❑ ニュートン ➲ Issac Newton
- ❑ ノーベル ➲ Alfred Nobel
- ❑ ビートルズ ➲ the Beatles
- ❑ ピカソ ➲ Pablo Picasso
- ❑ ヒッチコック ➲ Alfred Hitchcock
- ❑ ベートーベン ➲ Beethoven /béɪtouv(ə)n/
- ❑ ヘレン・ケラー ➲ Helen Keller
- ❑ ベル ➲ Alexander Graham Bell
- ❑ ペロー ➲ Charles Perrault /pəróu/
- ❑ ホーキング博士 ➲ Stephen Hawking
- ❑ マザーテレサ ➲ Mother Teresa /təréɪzə/
- ❑ モーツァルト ➲ Wolfgang Amadeus Mozart
- ❑ ライト兄弟 ➲ the Wright Brothers
- ❑ ラマヌジャン ➲ Srinivasa Ramanujan
- ❑ リンカーン ➲ Abraham Lincoln /líŋk(ə)n/
- ❑ レイチェル・カーソン
  ➲ Rachel Carson（▶著書『沈黙の春』は Silent Spring）
- ❑ ロックフェラー ➲ John Rockefeller

コラム

ネット上にある英語は正しいか？

　最近は紙の辞書を使う人が減りましたが、その理由の一つに「ネットで調べられるから」というのがあるのではないでしょうか？ 確かに、「これは英語で何というのだろう？」とか「この英文は正しいのだろうか？」といった疑問を持ったとき、ネットで検索して解決できることもあることは事実です。ただ、ネット上にある英文や検索頻度があてにならないこともある、ということは知っておくべきだと思います。たとえば、ネット上で英文法の解説をしているサイトは日本語でも英語でもたくさんありますが、その解説文の中に、たとえば、

○ discuss the problem
× discuss about the problem

ということが書かれていたとしましょう。そうすると、単純な頻度数の検索では×のような誤った英語も区別せずカウントされてしまいます。

　また、ネイティブスピーカーが書いていない非標準的な英語もカウントされてしまうことも念頭に置いておくべきです。たとえば、英語のinformation（情報）は不可算名詞ですから、-sをつけて× information<u>s</u>とするのは誤りです。ところが、この単語はフランス語、スペイン語、ドイツ語などでは可算名詞です。そこで、そうした言語を母語とする人が英語を書くと、ついうっかり informationsと書いてしまうことがよくあります。（実際、Googleでinformationsという複数形を検索すると、ものすごい数がヒットします） いくらヒット件数が多いからと言ってこれは明らかな誤りです。ヒット件数の大小だけでその英語が正しいとは正しいかは判断できないのです。

PART 2
説明・活用表現

“

PART 1では単語とその相性のいい語句を使ったさまざまな表現を紹介しました。しかし、いくら表現を知っていても、文の中で使いこなすには、それらの使い方を知らなければいけません。
そこで、このPART 2以降では、そうした語句の使用方法に重点を置き、その活用法を紹介していきます。
本PART 2は以下のようなポイントを扱います。

1 グラフ・統計値の説明
2 数量表現
3 時の表現
4 語の定義・説明
5 定番フレーズ

1 グラフ・統計値の説明

グラフを見て、そのグラフの表している内容、グラフから読み取れることを述べる、という問題は比較的よく出題されます。ここではそうした問題の解答を書くのに必要な「型」を身につけましょう。

(1) まず何を示したグラフ・図表なのか説明する

a) 「このグラフは…を示している」を表現するときは、以下の型を覚えておくとよい

S (...は)	V (示している)	O (...を)
This graph (このグラフ) **The bar graph** (棒グラフ) **The pie chart** (円グラフ) **The line graph** (折れ線グラフ) **The table** (表) **The chart** (図) **The diagram** (図)	**shows** **illustrates** **explains** **indicates** **accounts for**	...

注1) 複数のグラフや表を指すときは名詞を複数形にして動詞の三単現の-sを取ること。(These graphs show ... のように)
注2) account forは「説明する」の意味。
注3) 「上にあげたグラフ」「以下のグラフ」と書きたい場合は以下に注意。

「上のグラフは…」　○ the **above** graph / ○ the graph **above**
「以下のグラフは…」　△the **below** graph / ○ the graph **below**
(▶ belowは名詞の後に置くのが普通)

※なお、折れ線グラフが2本あるうちの「上のグラフ」「下のグラフ」は、the upper graph, the lower graph

b) Oの位置に使える代表的な名詞句は次のようなもの

【変化を表すもの】

the a	**gradual**（徐々の） **sharp**（急激な） **steady**（安定した） **slight**（わずかな） **considerable**（かなりの）	**change**（変化） **increase**（増加） **decrease**（減少） **drop**（下降）	**in** ～ （～の点での）

【数量・割合を表すもの】

❑ **the number of ...** ⭘ …の数（▶「...」の位置に来るのは原則、無冠詞複数の可算名詞→p.194）

例 the number of *hours*（時間数）

❑ **the amount of ...** ⭘ …の量（▶「...」の位置に来るのは原則、不可算名詞）

例 the amount of *time* spent on leisure activities
（余暇の活動に使われた時間の量）

❑ **the percentage of ...** ⭘ …のパーセンテージ

例 the percentage of the students who answered correctly
（正しく答えた生徒の割合）

❑ **an increase of ... percent** ⭘ ...パーセントの増加

例 a slight increase of two percent（2%の微増）

c）その名詞に以下のような副詞句や形容詞句を添えて目的語をさらに詳細に説明する

グラフの示す時期	• **(in each of the years) from 2010 to 2020** • **between 2010 and 2020** • **over a period of ten years**（10年間にわたって） • **in different years**（異なった年の） • **during the period shown in the graph** （グラフ中で示された時期の間） • **in the first half of 2022** （2022年の上半期の）

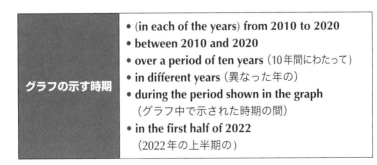

どこで	• **in three different countries**（3つの異なる国で） • **in different areas of Japan**（日本の各地で）
区分	• **by gender**（男女別の） • **by season**（季節ごとの） • **by region**（地域ごとの）

さらに、覚えておくと便利な形容詞や副詞を、相性のいい語句とともにいくつかあげておきます。

【形容詞】 the **annual** sales（年間の売り上げ）
the **average** time（平均時間）
the **total** amount（総量）

【副詞】 be **constantly** changing（絶えず変動している）
be **gradually** decreasing（次第に減少しつつある）
be **steadily** increasing（着実に増えている）

以上の a）～c）を使って書くと次のような文ができます。

例 1) The table above shows the average amount of time per day spent on social media among high school students in Japan in 2015 and in 2020.
（上の図は2015年と2020年に日本の高校生がSNSに費やした1日あたりの平均時間を示しています）

例 2) The graph below shows the change in the percentage of men and women aged 65 or over from 1980 to 2020 in various countries.
（以下のグラフは様々な国での1980年から2020年までの65歳以上の男性と女性の割合の変化を示しています）

(2) グラフからわかることを説明する

グラフから読み取れる情報を書く導入となるフレーズをいくつかあげておきます。

❑ グラフによると…ということがわかります。
 ➲ According to the graph, we can see that ...

❑ グラフから…ということが明らかです。
 ➲ It is clear from the graph that ...

❑ グラフからわかるよう、....。 ➲ As can be seen from the graph, ...
 (▶このAsは関係代名詞で、後に出る ...以降の内容を先行詞としている)

❑ このグラフは…ということを示しています。
 ➲ This graph suggests that ...

❑ ...ということが言えます。 ➲ It can be said that ...

❑ このことの理由の一つは…。
 ➲ One reason for this is that ... / This is partly because ...

❑ これは…が理由かもしれない。 ➲ This may be because of ...

❑ これは…であることを意味する。 ➲ This means that ...

❑ このことから ...だと結論できる。 ➲ We can conclude from this that ...

以下、さらにポイントとなる事項をあげておきます。

a) グラフの示す内容を述べるのに役立つフレーズ

【対比】 on the other hand (一方で)
in contrast (それとは対照的に)

【類似】 similarly (同様に)
as with ... (…の場合と同様に)
during the same time period (同時期の間に)

【概観】 in general (全般的に)
overall (全般的に)

b）グラフの増減は、以下の動詞と副詞を組み合わせて表現する

	動詞	副詞
上昇	increase rise (-rose-risen) go up	slightly（わずかに） steadily（着実に） sharply（急激に） rapidly（急速に） slowly（ゆっくりと） gradually（徐々に）
下降	decrease fall (-fell-fallen) drop go down	

注1）動詞は三単現の -s の抜けや時制に注意すること。特に現在完了（進行）形を使った場合、has とすべきところを have と書く誤りが多いので注意。
注2）上にあげた動詞に、以下のような語句を添えて、さらに表現を深めることができる。

❑ —し続ける ⭘ continue to —; keep —ing
例 上がり続ける　continue to rise; keep rising

❑ —し始める ⭘ start [begin] to —
例 2020年に再び上昇し始める　start to rise again in 2020

❑ …から〜まで ⭘ from ... to 〜
例 1985年の700万から1990年の400万にまで急減する
fall sharply from seven million in 1985 to four million in 1990

❑ …に最も〜 ⭘ at one's＋最上級
例 失業率は1990年に最も低［高］かった。
Unemployment was at its lowest [highest] in 1990.

❑ …%増加［減少］する ⭘ increase [decrease] by ...
（▶ by は増減の差を表す）
例 10%近く増える［減る］　increased [decreased] by almost 10%

❑（ほぼ）横ばいである ⭘ remain (almost) the same

❑〈割合〉を占める ⭘ account for ...
例 電気自動車はこの国の新車の売上のほんの1%を占めるに過ぎない。
Electric cars account for only one percent of new car sales in this country.

2 数量表現

数量を表す表現の中から、比較的苦手な人が多い「倍数」「分数」「増減」の3つの書き方を整理しておきましょう。

(1) 倍数

「XはYのn倍〜である」が英語で正しく書ける人は意外と少ないように思います。まずいちばん基本的な形の書き方を確認しておきましょう。

ステップ① 「XはYと同じくらい〜である」という文をas 〜 asを使ってしっかり組み立てる。
ステップ② 1つ目のasの前に倍数を置く。

この2ステップです。倍数は「2倍」はtwice、「3倍」以上は 〜 timesを使います。たとえば、

「中国は日本の約25倍大きい」

と言いたければ、まず、ステップ①「同じくらい大きい」という文を

China is **as** large **as** Japan.

と書きます。次にステップ②、この文の1つ目のasの前に「およそ25倍」という表現を入れて、

China is *about twenty-five times* **as** large **as** Japan.

これで完成です。ちなみに、as large asの部分をlarger thanと書く場合もありますが、ライティングの答案で使うのは避けた方が安全でしょう。
では次に「〜倍になる」という変化を表す表現を書いてみましょう。

「この大学の生徒数は10年前の2倍になった」

「10年前の2倍になった」は「今が10年前の2倍である」と同じ意味ですから、上の倍数構文を使って処理することができますね。まず、ステップ①で、「この大学の生徒数は10年前と同じである」という文を作ります。

The number of students in this college is **as** large **as** it was ten years ago.（▶ numberの大小にはmanyでなくlargeを使うことに注意）

ステップ②、この1つ目のasの前にtwice（2倍）を置いて、

The number of students in this college is *twice* **as** large **as** it was ten years ago.

とします。ちなみに、英語にはdouble（2倍になる）という動詞があるので、それを使っても書けるのですが、その場合「10年前の」の部分に注意してください。ここは「過去10年間で2倍になった」と言い換えて、

The number of students in this college has **doubled** *in the past ten years.*

と表現することができます。

（2）分数

まず「分数」の表現方法が、文法書のどこに書いてあるのかご存知ですか？ たいていは、文法書の「形容詞」の章の最後に「数字の表し方」のようなセクションがあり、そこに「年号」「温度」「電話番号」など様々な数字の表現方法が書いてあるのが普通です。数量表現が苦手な方はそうした部分にひと通り目を通しておくとよいでしょう。

「分数」はたいてい次のように説明されています。

分子 ⇩ 分子が2以上のときは-sをつける ⇩

$\frac{2}{3}$ → two-thirds

⇧ 分母を序数で書く

これは意外に混乱しやすいので、なぜそう書くのか理屈を覚えておきましょう。この場合のthirdは「3番目」という意味ではなく「3分の1」です。(他の序数も同じで「〜番目」という意味の他に、初めから「〜分の1」という意味を持っています)。すると「3分の2」は「3分の1」が2つある、つまりthirdが2つあるわけですから前にtwoを置き、thirdに複数形の-sをつけてtwo thirdsとなるわけです。(なお「4分の1」はa fourthの代わりにa quarterという語を使うことがあります)

では、実際の例文を見ておきましょう。

例 1) 日本の3分の2以上は森林で覆われている。
More than **two-thirds** of Japan *is* covered with forests.
(▶動詞は、直前のJapanの単複に一致させる)

例 2) この村の人口はかつての4分の1だ。
The population of this village is **a quarter** of what it used to be.

(3) 増減

「増える」「減る」に対応する動詞はincrease, decreaseですが、この動詞を使うときは主語に注意する必要があります。日本語では「Xが増える・減る」と表現できますが、英語でincrease, decreaseの主語はthe number(数)、sales(売上)、population(人口)など、中に数量の意味を含む名詞であることが原則です。つまり、「Xの数[量]が増える・減る」と書かなくてはいけません。

「電子マネーで支払う人が増えている」
× People who pay with e-money *are* increasing.

○**The number of** people who pay with e-money *is* increasing.

このとき注意するのは以下の2点です。

① **The number of**の後は「無冠詞複数」の名詞が来ます。関係詞節や分詞で後ろから修飾されていてもtheをつけてはいけません。

② The number of ... は単数扱いですから、述語動詞はbe動詞の場合、areではなくisになります。同様に、現在完了（進行）形の場合、haveではなくhasになりますが、このミスは非常に多いので要注意です。（完了進行形なら*have* been increasingではなく*has* been increasingです）

なお、動詞increaseを使う場合、数量の意味を含まない名詞を主語にした次のような例もないわけではありません。

People aged 100 years or more are increasing *in number.*

（▶文末のin numberは「数の点で」の意味）

ただ、この形は通例、not only increasing *in number* but *in quality*（増加しているだけでなく質も向上している）とか、increasing *in number* but decreasing *in size*（数は増えているが規模は縮小している）のように、文末にあるin number（数の点で）を他の要素と対比させる場合に用いられることが多く、またこの形を好まないネイティブスピーカーもいるようなので、極力使わないようにするのが安全です。

なお、増減を比較級を使って表現することもできます。

英語では〈比較級and比較級〉の形が「ますます～；だんだん～」の意味を表します。

It's getting *warmer and warmer.*（だんだん暖かくなってきている）

そこで主語の位置にmanyの比較級moreをこの形で置いて、

More and more people are paying with e-money.

（〈直訳〉ますます多くの人が電子マネーで支払いをしている
→ 電子マネーで支払いをする人が増えている）

とすることが可能で、この場合、述語動詞の部分には進行形がよく使われます。この形を使うとき注意するのは「減る」場合です。「タバコを吸う人が減っています」を「moreの反対はless」と考えて、

△ *Less and less* people are smoking.

と書いてしまいがちですが、厳密に言うと、peopleは可算名詞ですから、「少ない」ことを言う形容詞はlittleの比較級lessではなくfewの比較級fewerを使って、

○ **Fewer and fewer** people are smoking.

とするのが正式です。前者のlessを使うことも徐々に認められつつありますが、ライティングの試験では文法的に厳密なfewerを使った方がいいでしょう。

3 時の表現

(1)「〜前」はagoかbeforeか？

「10年前」はten years *ago*でしょうか？ ten years *before*でしょうか？基本的なことですが、この区別がわかっていない人は非常に多いように思います。確認していきましょう。

まず「今」を基準に「(今から) 〜前」というときは**ago**しか使えません。したがって「10年前」はten years **ago**です。ten years *before*とは言いません。

ではbeforeはどんな場合に使うのでしょうか？ beforeは「現在」以外の点を基準にして「(その時から) 〜前」というときに使います。

He lost the book he had bought *only two days* **before**.
(彼は二日前に買ったばかりの本をなくした)

この場合は、lost (失くした) ときを起点にして、そこからさらに2日さかのぼっています。ですから、この ... beforeは「過去のさらに過去」を示す過去完了形と相性がいいことがわかると思います。ここでtwo days agoとすると、この英文を書いた時点の2日前に聞こえるのでおかしな意味になってしまいます。

ただし1つ気をつけることがあります。それはbeforeは前に数字をつけずに単独で使う用法があることです。その場合は漠然と「以前」という意味で、現在を基準に使うことができます。

I've never seen anything like this **before**.
(これまでこんなの見たことがない)
Excuse me, but haven't we met somewhere **before**?
(失礼ですが、以前どこかでお会いしなかったでしょうか)

どうやら「今から〜前」という意味で〜beforeと書く誤りが多いのはこのことに原因がありそうです。

(2) 多いlaterの誤用

「3日後に会いましょう」という日本語を訳してもらうと、いちばん多い誤りは、

× I'll see you three days *later.*

です。laterは「現在を基準」にして「～後」というときは使えません。現在を基準に言うときは、

I'll see you **in three days**.
I'll see you **in three days' time**.
I'll see you **three days from now.**

のように言います。laterを使うのは、現在以外の時(過去、未来)を起点にして「その時より～後」という意味の場合です。

He walked out of the room and returned *three hours* **later**.
(彼は部屋を歩いて出て行き、その3時間後に戻ってきた)

そう解説すると、「えっ、だって別れの挨拶で"I'll see you **later**."とかいうのを聞いたことがありますが、あれは今が基準ですけど...」という反論が聞こえてきそうですが、laterの前に数字がなく漠然と「後で」というときは現在が基準でも使えます。ですから

I'll join you **later**.
I'll talk to you **later**.

は問題ありません。

(3) 時間差を表す表現

次の2つの日本文を英語に訳してみてください。

「今朝私は目覚ましが鳴る5分前に目が覚めた」
「私が大学を卒業した3年後に祖父がなくなった」

まず、2つの出来事の時間差の部分は言わずに、前後関係を接続詞のbeforeやafterを使って表します。

I woke up **before** the alarm clock went off.
My grandfather died **after** I graduated from university.

(ちなみにこの場合、「時間的に先に起きたwokeやgraduatedを過去完了形にしなくてもいいのですか?」という質問がよくありますが、afterやbeforeによって前後関係が明確ですから、あえて過去完了形を使う必要はありません)
次に、このbeforeやafterの前に「時間差」を表す語句、つまりfive minutes, two hours, several weeks, ... などを置けばできあがりです。

I woke up *five minutes* **before** the alarm clock went off.
My grandfather died *three years* **after** I graduated from university.

この〈時間差+副詞節〉を丸ごと文頭に置くこともできます。

Five minutes **before** the alarm clock went off, I woke up
Three years **after** I graduated from univerisity, my grandfather died.

この「SがVする〜前[後]に」は、書けない人が多いフレーズです。ぜひ書けるように練習しておいてください。

4 語の定義・説明

事物の定義・説明をする問題は、書く内容を自分で選択・創作できず、ある程度制限されてしまうという点で、もっとも書くのが難しい形式の一つです。まずは例題を見てみましょう。

問　次の語を英語で定義しなさい。　(2002年筑波大)
(a) 救急車(ambulance)
(b) 辞書(dictionary)
(c) 自動販売機(vending machine)
(d) 動物園(zoo)

こうした「定義・説明」問題の対策として格好の練習方法があります。それは「英英辞典」を使うことです。まず、何か単語を1つ思い浮かべて、それを自分の頭の中で英語で説明して（または書いて）みます。そしてその後、英英辞典を引いて「あっ、なるほど、こう説明すればいいのか〜」と納得し、うまく書けなかった部分を暗記する、この練習の繰り返しです。

したがって、上の(a)〜(d)の問題も、語数指定がなければ英英辞典に書いてある定義がそのまま解答になるのですが、ここでは自分で文を組み立てる場合の注意点をあげてみましょう。

定義のパターンは大きく分けると次の2つがあります。

(A) S is ...　(Sは…である)
(B) S means ...　(Sは…という意味である)

(A)のパターンでは全体が第2文型になりますから、...の部分には主語とイコール関係が成り立つ名詞を置くことになります。また(B)のパターンは、その語の持つ意味などを説明するときに使えます。

では、上の(a)〜(d)を(A)のパターンで書いてみましょう。基本的な書き出しは次のようになります。

(a) An ambulance is **a vehicle** ...
(b) A dictionary is **a book ...**
(c) A vending machine is **a machine** ...
(d) A zoo is **a place [a kind of park]** ...

注意するのは補語の位置に来る名詞と冠詞です。名詞は基本的に主語とイコール（またはそれに準ずる）関係になるものが原則です。be動詞の後にいきなりthat節を書く人がいますが、〈物＝that節〉ということはありえないので注意しましょう。また名詞にやたら定冠詞theをつける人がいますが、theをつけると「…という条件を満たすただ1つの［名詞］」のように響くので乱用は禁物です。

なお、名詞の前にspecial（特別な）とか a special kind of ...（特別な種類の…）、the Japanese style of ...（日本式の…）、といった形容詞フレーズを置くこともできます。

そしてその名詞を、後ろから〈前置詞＋名詞〉や分詞、関係詞節等で詳しく説明します。(a) の例で見てみましょう。

(a1) **An ambulance** is a *special* vehicle *that takes sick or injured people to the hospital.*
（救急車とは、病気や怪我をした人を病院に運ぶための特別な乗り物です）

(a2) **An ambulance** is a vehicle *used for carrying hurt or sick people to the hospital in emergencies.*
（救急車とは、緊急時に怪我人や病人を病院に運ぶための乗り物です）

ちなみに(a1) のように関係代名詞を使って説明を続ける場合、いちばん多いミスは関係詞の節の中の動詞に三単現の**-s**をつけ忘れるミスです。関係代名詞の単複は先行詞に一致しますので、vehicleが単数形ですからtakeには-sがつきます。（残りの(b) ～(d) はここではあえて解答例を載せませんが、ぜひ自分で答をまず書いてから、英英辞典でどのように定義されているのか調べてみてください）

次に、ことわざの説明問題を1題扱っておきましょう。

問	次の日本語のことわざの意味を説明しなさい。 「他山の石」

これを直訳して “a stone of another mountain” としてもそれだけではまったく説明になっていません。このような問題の場合は、フレーズ全体で言わんとすることや、どのようなときに使用されるかなど、その語句の周辺事項まで（語数の許す範囲内で）説明する必要がありますので、先ほどの(A) に書いたような＝（イコール）関係では説明が難しくなります。

このような場合に使えるフレーズをいくつかあげておきます。

❑ This phrase **literally** means ...
　➲ この言い回し**は文字通りには** ... を意味する

❑ The **literal translation** of this expression is ...
　➲ この表現の**直訳**は…である

❑ The **literal meaning** of this expression is ...
　➲ この表現の**文字通りの意味**は ... である

❑ You can use this expression when ...
　➲ …の場合にこの表現を使うことができる

❑ This phrase is used when ...
　➲ この言い回しは ... ときに使われる

❑ The idea behind this expression is ...
　➲ この表現の背後にある発想は ... である

❑ The phrase comes from the idea that ...
　➲ この言い回しは ... という発想に由来する

❑ The English equivalent of this expression is ...
　➲ 英語でこの表現に相当するのは…である

❑ This phrase is similar to the English expression “...”
（この言い回しは英語の…という表現に似ている）

では、これらの表現を使って「他山の石」を英語で説明してみましょう。

このことわざの意味、由来は国語辞典に次のように説明されています。

> 「【他山の石】〔よその山のつまらない石も自分の玉をみがくのに役立つ〕参考にすべき、よそのよくない実例。『この事故を一として』」
> （三省堂国語辞典・第七版）

最初に、直訳を書きます。

This phrase literally means "a stone of another mountain."

次に、定義の前にある〔　　〕の中を使ってこの直訳に説明を加えてみましょう。

The idea behind this phrase is that even "a stone of another mountain" can help polish your own jewels.

そしてそれに現実的な場面に即した広義の意味を追加してみましょう。

This is more widely interpreted to mean that any mistakes others make can be a lesson to you.

以上のようなことをふまえ、あとは制限語数などを配慮して、不要な部分を削ったり、具体例を追加して分量を調整します。以下に答案例をあげておきましょう。

"Tazan-no ishi" is a saying which literally means "a stone of another mountain" and the idea behind it is that even "a stone of another mountain" can help polish your own jewels. In our daily lives this phrase is used in a broader sense, meaning that any mistakes others make can be a lesson to you.

5 定番フレーズ

英文を読み書きする上で、慣用的によく使われ、覚えておいた方がいい表現があります。ここでとりあげるのは次の2つです。

(1) 俗に「ディスコースマーカー」と言われる文の流れを示すフレーズ
言い換え、対比、具体例、要約などを示すとき、こうした語がしっかり使えれば、後に続く内容が予測できるので、英文がより読みやすくなります。

(2) 文頭や文中で使う短い定型句
特に熟語というわけではなくても、英文を書く上で覚えておいて損はない慣用表現です。

ただ、こうしたフレーズは、必ずしも英語と日本語で意味や使い方が同じとは限りません。辞書等の例文で、実際の用例をよく確認して使うことが大切です。

(1) ディスコースマーカー

- ❑ 言うまでもなく ➲ needless to say（▶ not to mention も同じ意味を表すが、文頭に置いて、Not to mention, のように独立不定詞としては使えないことに注意）
- ❑ 色々な意味で ➲ in many ways（▶「多くの点で」の意味）
- ❑ 考えようによっては ➲ in a sense（▶「ある意味では」の意味）
- ❑ 考えてみると ➲ come to think of it
- ❑ 基本的に ➲ basically
- ❑ 結局 ➲ after all

【使い分け】「結局（は）」を表す語句
- **after all** 「いろいろあったが、それにもかかわらず結局は」というニュアンスで、期待・意図に反する結果を表す。
- **at last** 「長く待ったり、努力したりした甲斐があってついに、とうとう」というニュアンスで、後に望ましい内容が続く。

- **finally** 「そこに至る過程で色々な困難もあったが長い時間を経てやっとのことで、ようやく、ついに」というニュアンスで、後に望ましい内容が続く。
- **in the end** 「一連の出来事や思案の末に結局、最後には」というニュアンス。

※これらはあくまで目安であり、文脈によってはこれらのうち複数が使える場合もあります。

❏ 厳密に言えば ⭘ strictly speaking

❏ この点については ⭘ in this respect

❏ 幸いなことに ⭘ fortunately

❏ さらに言うなら ⭘ moreover（▶「さらに」の意味の副詞で文頭で使われる）/ in addition

❏ その代わり ⭘ instead

❏ その結果 ⭘ as a results

❏ それに引き換え ⭘ but on the other hand

❏ 同様に ⭘ similarly

❏ 皮肉なことに ⭘ ironically

❏ 他の言い方で言えば ⭘ in other words

❏ もっと驚くべきことに ⭘ what is more surprising（▶副詞句として使える）

❏ 要するに ⭘ in short

❏ わたしの意見では ⭘ in my opinion

❏ わたしの経験では ⭘ in my experience

（2）定型句

❏ 思い返してみると ⭘ looking back（▶意味上の主語が主文と違っても使える）

❏ 同じことが…にも当てはまる。
⭘ The same is true of ... / The same thing can be said about ...

❏ …と言っても過言ではない。➲ It is no exaggeration to say that …

❏ このことを踏まえれば
➲ judging from this（▶「このことから判断すると」が直訳）/ taking this into consideration（▶「このことを考慮に入れると」が直訳で、分詞構文からできた表現だが、主文の主語がtakingの意味上の主語と同じでなくても使える）

❏ わたしは…ということを言っているわけではない。
➲ I'm not saying that …

❏ 少し考えればわかることですが
➲ as you will realize if you think about it a little

❏ 逆に言うと ➲ if I look at it from another viewpoint

❏ 俗説とは反対に ➲ contrary to popular belief

❏ だからと言って…というわけではない。➲ This does not mean …

❏ …だと信じている人がいる。
➲ (I know) there are (some) people who believe that … / Some people believe that …（▶自分の主張に対して予想される反論を述べる場合などに使われるが、たいていすぐ後にその意見に対する筆者の反論が続く）

❏ しかし…には欠点もある。
➲ However, there are some disadvantages to …

❏ …ということは否定できない。➲ It cannot be denied that …

❏ 見方を変えれば…。➲ If you look at it from a different angle, …

❏ しいて言えば…。➲ If I have to say something, …

❏ この観点から見ると…。➲ Seen from this viewpoint, …

コラム

日頃から「(採点者が)読める字」を書こう

英作文の添削をしていると、文字が汚すぎて読めない、あるいはやっと解読してかろうじて読める、いわゆるクセ字を書いている答案がときどきあります。

そういう答案を書いた生徒に、「もっと読みやすい字で書いた方がいいよ」とアドバイスすると、たまに「いえ、先生大丈夫です、本番ではちゃんときれいに書きますから」という返事をもらうことがあります。

しかし、日頃乱雑な字を書いている人が急にきれいな字を書こうとしても、実は本人が思っているほどはきれいに書けない、ということ、そしてそれ以上に、字をいつもより慎重にゆっくり丁寧に書けば、その分だけ余計に時間がかかるという単純な事実に気がついていないように思います。(答案の作成時間についてはp.243も参照してください)

印刷されたような文字を書けとは言いません。ただ皆さんの答案を何百枚も採点する採点官が、判読に苦労せずスラスラ読めるような文字を書くよう日頃から訓練してください。

PART 3
「書く」ためのミニ英文法

“

英文を書く上で英文法の知識は欠かせませんし、分厚い文法書の中にはたくさんの知識が収録されています。
しかし、その中のどの知識をどう使えば英文ライティングに役立つのだろう、と迷っている方も多いと思います。
ここでは、生徒の答案を添削していて頻繁に発生する「定番のミス」を５つとりあげ、それを防ぐための文法の理屈と解説を試みます。

1 可算名詞を無冠詞単数で使うな！
2 副詞で文はつなげない！
3 部分を表す of の後ろに注意！
4 第３文型の動詞の受け身の後に名詞を置くな！
5 仮定法の世界では助動詞を忘れずに！

1 可算名詞を無冠詞単数で使うな！

英作文の添削をしていて群を抜いて多いのがこの誤りです。まず英語の「名詞」について、基本の確認をしておきましょう。

英語の名詞は、文法上「数えられる名詞」と「数えられない名詞」の用法があります。前者は「可算名詞」といい、辞書ではよくⒸの記号で、後者は「不可算名詞」といい、Ⓤの記号で表されます。

可算名詞	C	
不可算名詞	U	・不定冠詞（a, an）をつけられない ・複数形にならない。（-sはつけられない） ・数詞（one, two, ...）はつかない。 ・many, fewは使えない。（量を表すmuchやlittleは使える）

以下の5つのことに注意してください。

① 定冠詞のtheは可算名詞も不可算名詞にもつけられる。

② a lot of は可算名詞にも不可算名詞にもつけられる。

③ 同じ語でも意味によって、可算名詞で使ったり、不可算名詞で使ったりすることがある。（たとえば、workは「仕事」の意味では不可算名詞だが、「作品」の意味では可算名詞）

④ 不可算名詞の中には、形容詞がついて具体化するとaがつけられるものもある。

lunch（昼食） → *an* early lunch（早めの昼食）
education（教育） → *a* good education（立派な教育）
※ ただし形容詞がついても絶対にaがつかない名詞もある。
progress（進歩） → make rapid progress（急速な進歩をする）

⑤ **不可算名詞の反復に代名詞oneは使えない!**

This information is more reliable than that *information* [× that *one*].

大切なことは、この可算、不可算の区別は、意味や感覚ではなく、文法的な約束事として決まっているということです。実際に数えられるかどうかは関係ありませんし、ある単語が可算名詞だからといって、その同義語が可算名詞だという保証もありません。

では、この2つの区別はどう学習したらいいのでしょうか? 実際、文法問題(特に正誤問題)でも、この2つの区別は頻繁に出題されます。そこで、とりあえずお勧めするのは以下の3点です。

① **文法問題で頻出する、あるいはライティングで書く可能性のある不可算名詞はある程度暗記する!**

特に、日本語の訳語から判断するといかにも数えられそうだが、実際には数えられないものは意識して覚える。

たとえば、次のような不可算名詞は要注意です。

advice(助言)	baggage(荷物)	behavior(行動)
equipment(機器)	evidence(証拠)	fun(楽しみ)
furniture(家具)	homework(宿題)	information(情報)
news(ニュース)	paper(紙)	progress(進歩)
weather(天気)	work(仕事)	

② **文法書を読んで、大まかな目安、ルールを知っておく**

たとえば、不可算名詞になる名詞の特徴として、以下のようなものがあります。

液体状のもの (milk, water)	**粉状のもの** (sugar, salt)
気体 (air, oxygen)	**物質名** (glass, cloth)
抽象概念 (love, courage)	**固有名詞** (Japan, Tokyo)

こうしたルールにひととおり目を通しておけば迷った際に多少の手がかりになると思います。

③ それ以外のものは、出てきたらその都度辞書で確認し、必要なものは覚える

software（ソフトウェア） corn（とうもろこし） poetry（詩歌）
jewelry（宝石類） scenery（景色）

などは通例、不可算名詞です。

さて、以上で、可算名詞、不可算名詞の簡単な整理と確認が終わりました。ではここで、冒頭であげたライティングで多発する誤りについて述べておきましょう。それは「可算名詞の単数形を裸で（前に何も置かずに）使う」という誤りです。可算名詞、たとえば、bookという語を文中で単数形で使うとすると次の①～④のいずれかの形になるはずです。

① **冠詞をつける：a** book, **the** book
② **所有格をつける：my** book, **Tom's** book
③ **指示形容詞をつける：this** book, **that** book
④ **その他、次のような語をつける：any** book（どんな本でも）, **some** book（なんらかの本）, **each** book, **every** book, **either** book

つまり、bookという単語の単数形を上の①～④にあげた以外の形で使うことは原則ないということです！ しかし、この誤りは英文の添削をしていていちばん多い誤りで、特に冠詞と名詞の前に形容詞などが入り込むときに、冠詞が抜ける誤りが多いように思います。ぜひ、気をつけてください。

× when I was college student
○ when I was *a* college student

2 副詞で文はつなげない!

〈主語(S)＋動詞(V)〉を含む文(以下、単に「文」と言います)を2つ(または2つ以上)並列する場合、「接続詞」、「関係詞」、「疑問詞」のどれかが必ず必要になります。話が煩雑になるのを避けるため、ここでは話を「接続詞」に限って説明しましょう。

たとえば「私は昨晩疲れていた」「早く寝た」という2つの文をつなげる場合、

× I was tired last night, I went to bed early.

とは書けません。原則、以下のどちらかの接続詞を使ってつなげます。

① 等位接続詞(and, but, orなど)を使う
I was tired last night, **and** I went to bed early.

② 従属接続詞(as, because, if, since, thatなど)を使う。
Since I was tired last night, I went to bed early.

この「接続詞」がないと2文がつなげられない、という原則ははっきりと意識するようにしてください。(ただし歌の歌詞とか詩歌のようにリズムを重んじる場合などでは例外的に接続詞がない場合もありえます)

さて、英文を読んでいると、接続詞ではないけれども、意味的には接続詞に感じられる「接続詞もどき」の語句があります。たとえば以下のような語句です。

however(しかしながら)	therefore(したがって)
thus(かくして)	nevertheless(それにもかかわらず)
otherwise(そうしないと)	instead(その代わり)
especially(中でも特に)	moreover(その上)

これらは接続副詞と呼ばれる「副詞」の一種であって、「接続詞」ではありません。ですから、次のように2組の〈S＋V〉をつなぐことはできません。

× I was tired last night, *therefore* I went to bed early.
× I was tired last night, *however* I stayed up late.

これらの語を使う場合は、いったん文を切るか、または等位接続詞の助けを借りなければなりません。たとえば、上の文なら、

I was tired last night. *Therefore,* I went to bed early.

と2文に分けるか、

I was tired last night, **and** *therefore* I went to bed early.

とするかです。
下の文も

I was tired last night. *However,* I stayed up late.

と2文に分ける必要があります。なお、等位接続詞を使うなら、意味的にbutの助けを借りることになりますが、そうするとbutの意味とhoweverの意味がかぶりますので、

I was tired last night, *but* I stayed up late.

のようにhoweverは不要になります。
ライティングで使い間違いが多いのが、**for example**（たとえば）という副詞句です。副詞ですから、当然S＋VとS＋Vをつなぐ働きはないのですが、つい日本語と同じような感覚で使ってしまいがちなので注意が必要です。例をあげてみましょう。

例「日本語学習者を困らせる点がいくつかあります。たとえば、日本語では文の主語が省かれることがよくあります」
誤 There are several things that puzzle Japanese language learners, *for example*, the subject of a sentence is often omitted in Japanese.

正 There are several things that puzzle Japanese language learners. *For example*, the subject of a sentence is often omitted in Japanese.

なお、名詞の例を列挙したいときは、such asを使う

総称 **such as** 具体例 （〜のような…）

という形を覚えておきましょう。以下に2つ例をあげておきます。

vegetables **such as** tomatoes and cucumbers
（トマトやキュウリのような野菜）

social networking services **such as** Facebook and Instagram
（フェースブックやインスタグラムのようなSNS）

3 部分を表すofの後ろに注意！

まず以下の文を見てください。間違いに気づきますか？

× Most of students in this school are planning to go to college.

この文はstudentsの前にtheを置いて、

○ Most of **the** students in this school are planning to go to college.

とする必要があります。なぜでしょうか？ ここでは、その理由と、このパターンで注意する点をあげておきます。

このパターン、英語には頻繁に登場します。文頭の主語Mostを他の代名詞に置き換えれば、

All of **the** students　（その生徒たち全員は ...）
Many of **the** students　（その生徒たちの多くは…）
Some of **the** students　（その生徒たちの一部は…）
One of **the** students　（その生徒たちの中の一人は…）

と、普段よく目にするフレーズができあがります。こうした

［部分を表す代名詞］of［集団を表す名詞］

の形では、［集団を表す名詞］の前に必ず、その名詞を特定する**the, these, those, my, your**などの語がついていないといけません。その秘密は前置詞ofにあります。このofは日本語に訳すときは「の」と訳しますが、厳密には「～の中の」の意味なのです。そうすると、たとえば、さきほど上に書いたof the studentsは厳密に訳せば、「その生徒たちの中の」という意味になります。

では、ここでちょっと考えてみてください。私が今ここで突然、何の脈略もなく、

「生徒たちのほとんどはメガネをかけています」

と言ったら、皆さんは「えっ？ その『生徒たち』って誰のこと？」と思いますよね。ただし、まったく同じ文でも、その前にその「生徒たち」が誰なのかを説明する文があるなら問題ありません。たとえば、「私は今年は3年1組の担任をしています。生徒たちのほとんどはメガネをかけています」なら、その「生徒たち」は受け持っている3年1組の生徒に決まっています。

もうおわかりでしょう。このパターンではofの後にある「集団を表す名詞」が「すでに聞き手、または読み手にとって誰のことかがわかっている集団」である必要があるのです。

ですから、[集団を表す名詞] に**the**をつける、と考えるのではなく、**of**があれば、その後には**the**が必要となるような名詞を置くのが必然、だと考えてください。

以上のことから、このパターンは以下のように整理することができます。

部分を表す語		聞き手、読み手が既知の集団
all, most, many, some, both, one, noneなどの代名詞	**of**	**the, these, those**＋名詞
分数		＋ { **my, your**など所有格＋名詞 / **us, them**などの代名詞 }

では、この形に関連した注意点をいくつかあげておきましょう。

① 一般論を言うときは、ofのない形を使う

先ほどの説明に対し、「でも、特定の生徒の話じゃなくて、漠然とした生徒一般の話なら、theをつけないでmost of studentsと言ってもいいのでは？」と疑問を持つ人が必ずいます。しかし、一般論を言うならわざわざ「特定の集団の中で」と言う必要はないわけですから、そういうときはofを使わずmostを形容詞で使って

Most students have smartphones.

のように言えばいいわけです。

②「部分を表す語」の位置に置けない単語に注意

a) eachは置けるがeveryは置けない

eachには代名詞用法がありますが、everyには代名詞用法はありません。ですので、

○ *Each* of those people must pay a fine of $500.
（その人たち一人一人が500ドルの罰金を払う義務がある）

とは言えますが、

× *Every* of those people must pay a fine of $500.

とは言えません。

b) everyone, everybody, no one, nobody, someone, somebodyなどの不定代名詞は置けない

「彼らのうち一人一人が立ち上がった」
× *Everyone* of them stood up.
○ *Every one* of them stood up.

「彼らの中の誰も答えなかった」
× *No one* of them answered.
○ *None* of them answered.

③「部分を表す語」が … percentのときは、ofの後にtheがない言い方もある

「その生徒たちのおよそ15%は学内の寮に住んでいる」は、

About 15 percent of *those* students live on campus.

で、「その生徒たち」はthose studentsです。しかし、

Nearly 90 percent of students live on campus.

のようにofの後にtheやthoseがつかない形もあるのです。これは「生徒の90%近く」というよりは「90%近くの生徒が」という意味で使われていて、一般論です。

ではofを取った形が可能かというと、percentという単語を形容詞のように使って、×90 percent studentsとは言えないのです。percentを形容詞的に使うのは、たいてい、

- a thirty **percent** *increase* (30%の増加) のような**「増減;率」**を表す語
- a 60 **percent** *chance* of rain (60%の降水確率) のような**「可能性」**
- 90 **percent** *cotton* and 10 **percent** *nylon* (綿90%とナイロン10%) のような**素材**を表す名詞

を修飾する場合です。

4 第３文型の動詞の受け身の後に名詞を置くな！

ここでは「受け身」で最も頻繁に起こる間違いを一つとりあげてお話します。練習問題です。以下の文を英語に訳してみてください。

人前で間違いを指摘されるのが好きな人はいない。

【ヒント】「人前で」in public;「間違い」mistakes;「指摘する」point out

典型的な誤答例は以下のようなものです。

× No one like to be pointed out their mistakes in public.

いかがでしょうか？ No oneは三人称単数扱いをする代名詞なので、likeに三単現の-sをつけてlikesとしなければならないことに気がつきましたか？ 三単現の-sがないというミスも減点の対象になりますので気をつけてください。

この英文の最大のミスはその後にあります。日本語の「間違いを指摘される」という部分が×be pointed out their mistakesというありえない構文で表現されています。しかし、このミス、本当によく見かける間違いです。そこでここではそのミスの理由を説明しておきましょう。

英語の動詞の使い方は5通りあります。俗に言う「5文型」です。

第1文型　(S) V
第2文型　(S) VC
第3文型　(S) VO
第4文型　(S) VOO
第5文型　(S) VOC

この中で、受動態に変える（転換する）ことができるのはどれでしょうか？ 受動態にするときは、目的語（O）を受動態の文の主語にしますから、元の（能動態の）文にOが必要です。つまり、受け身の文が作れるのは、Oのある第3文型～第5文型の文ということになります。

そして、それらを受動態に変えると、次のような形になります。

第3文型	(S) **VO**	→	**O** is p.p.
第4文型	(S) **VOO**	→	**O** is p.p. O
第5文型	(S) **VOC**	→	**O** is p.p. C

上の転換からもわかるとおり、第3文型で使う動詞を受け身の形にしたら、**be p.p.**の後には何も置いてはいけない（厳密に言うと、OやCになる名詞や形容詞を置いてはいけない）ということです。もともと目的語だった名詞が受動態の文の主語になるので、当然ですね。

ここでもう一度先ほどの誤答例を（likeに三単現の-sをつけて）見てください。

× No one likes to be pointed out their mistakes in public.

point out（指摘する）はpoint out(V) their mistakes(O) という第**3**文型として使う熟語なので、これを受け身の形にすると、

their mistakes are pointed out（彼らの間違いが指摘される）

という形になる、つまり「指摘される」の主語はtheir mistakesになるはずです。

ところが、上の誤答例はtheir mistakes がbe pointed outという受け身の後に置かれています。これはアウト！

ではなぜこのような間違いが頻発するのでしょうか？ それは、受け身の文を書くときに、能動態の文を念頭に置くという基本を怠って、いきなり日本語で、

「—するのが好きな人はいない」	No one likes to —
「指摘される」	be pointed out
「間違いを」	their mistakes

と考えて、これを前から何も考えずに並べて、上に書いたような文を作ってしまうからではないでしょうか？

では、どのように修正したらいいでしょうか？

とりあえず、No one likes toまでは手を加えないことにしましょう。問題は、このtoの後にbe pointed outという受け身の形を置くと、その後にtheir mistakesという名詞句を置けなくなってしまうということです。

こんなとき使えるのが第**5**文型（SVOC）の動詞です。第**5**文型のOとCの間には「主語と述語の関係」があるので、そのOCの位置で「OがCされる」という受け身の関係を表せばよいのです。

たとえば「わたしはカバンを盗まれた」は一般的に

I had (**V**) my bag (**O**) stolen (**C**).

と第5文型で表現します。

これはhaveという動詞の〈have＋O＋C〉という語法を利用し、Oにmy bag、Cにstolenという過去分詞を置いて「私のカバンが盗まれる」という意味関係を表しています。上にあげた問題もhaveのこの語法を使って、Oの位置に their mistakes、Cの位置にpointed outを置けば、「間違いが指摘される」という受け身の意味をOCの位置で表せます。

したがって、正解は、

No one likes to **have** *their mistakes pointed out* in public.

となります。

この「第3文型で使う動詞の受け身の形の後に名詞句を置く」という誤りは分詞の後置修飾のときも起こります。たとえば、次の日本文を訳してみましょう。

「今朝『さよなら』と書かれたメールを受け取った」

典型的な誤答例は、次のようなものです。

× This morning I received a mail *written "Goodbye."*

おそらく日本語の「書かれた」につられて過去分詞writtenを使おうという発想になるのでしょうが、

× a mail *written "Goodbye"*

という誤りは、関係代名詞を使って書いた

× a mail that is *written "Goodbye."*

と同じで、第3文型で使う動詞writeが過去分詞で使われているので、その後に"Goodbye"のような名詞句は置けません。

このような場合、たとえば過去分詞を使うのを避けて、

This morning I received a mail **saying** *"Goodbye."*

のように言うことができます。(この場合のsayは「…と書いてある」の意味です。sayingはその現在分詞で直前のa mailを修飾しています)

5 仮定法の世界では助動詞を忘れずに！

仮定法というと、たいていの人は次のようなifを使った例文を思い浮かべるのではないでしょうか？

If I **had** a time machine, I *would* travel to the Edo period.

このIf節の中で使われているhadという動詞の形が仮定法（この文では仮定法過去）です。「もしタイムマシンがあったら」という部分は事実に反する想定（架空の想像）なので、英語では仮定法という特別な動詞の形を使う必要があることはご存知だと思います。

この場合、この仮定の帰結を表す主節には必ず助動詞would, could, mightが使われます。大切なのは「英語では、いったん仮定の世界に入ったら、その仮定をふまえた話が続いている間は、必ず助動詞の**would, could, might**を使う」ことがきまりだということです。つまり、この後、いちいちIf ... という条件節を毎回書かなくても「タイムマシンがある」という前提で、「〜へ行きたい」「〜をしてみたい」「〜に会ってみたい」と言いたければ、I *would* ... のように助動詞を使って書くことで、その仮想の世界の中で話が続いていることを伝えられるのです。

If I **had** a time machine, I *would* travel to the Edo period. Then I *would* be able to see how people lived in those days.
（もしタイムマシンがあれば，私は江戸時代に行くだろう。そして人々が当時どんな暮らしをしていたのかを見ることができる）

ただし仮の話の中であっても、事実を述べている部分は、助動詞を使わず、現在形や過去形を使います。上の文の下線部のlivedは、実際の過去の事実を述べているだけなので、助動詞の過去形ではなく普通の過去形livedが使われています。

現在形が使われている例も見ておきましょう。

If I **could** speak English more fluently, I *would* travel abroad more often than I *do* now.

（もし英語がもっと流暢に話せたら、今よりもっと頻繁に海外旅行をするだろう）

この文は、「もし英語がもっと流暢に話せたら」という、if節で述べられた空想の事実に基づいた話なので、主節でwouldが使われていますが、than I do nowのdoはtravelという動詞の代わりをしている代動詞で、「今（習慣的に）旅行をする」という、実際にしている行為を表しているので、現在形が使われています。

したがって、「もし〜したら」といった仮の話をする場合、それがどれほど実現性があるのかによって仮定法を使うかどうかが決まり、それによって帰結節で助動詞を使うかどうかが変わってきます。たとえば、

「もしも1週間休みが取れたら、…へ行くだろう」

といった内容を書く場合、「1週間休みを取る」ことが筆者にとって実現はほぼ不可能、と考える場合は、仮定法を使って、

If I **could** take a week off from work, I *would* go to ...

のようになり、帰結節には助動詞の過去形wouldが使われます。
一方、「1週間休みを取る」こともありうることだと筆者が考えているのであれば、

If I **can** take a week off from work, I *will* go to ...

のように助動詞の過去形は使いません。したがって、（If ...を書かないで）帰結部だけで切り離して書く場合でも、助動詞の過去形を使うことにより、今書いている内容が実現の可能性のないことを前提に語っている目印になるのです。
本書のPart 1で扱っているいくつかのトピックは、それがどれほど現実味を帯びているのかによって、用例で使う助動詞の形が変わってきますが、煩雑な表記を避けるため、助動詞は仮定法で使うcouldやwouldを主に使っています。

コラム

「自家製フレーズ集」の作り方

本書を読んで、自分でもこうしたフレーズ集を作ってみよう、と思った方もいらっしゃると思います。ここではその語句収集のノウハウをお話しします。

まずテーマとなるキーワードですが、これはブラウザの検索入力画面に英語で何というのか調べたい語「〇〇〇」（日本語）を入力し、その後にスペースを入れて「英語で」と入力し、リターンキーを押して検索します。そうするといくつか候補となる英語が出てきます。その語が出てくる実際のサイトに飛び、実際の英語や前後の文脈を読んで、それが自分の求めている意味の語なのかどうかを確認します。もし複数の候補がある場合は、ヒット数の大小もある程度参考になります。

また、本書のPros & Consのような、あるテーマに対する賛成&反対意見をまとめたいときは、そのキーフレーズの後にpros and consと入力して検索すると、そうした賛否をまとめたサイトがいくつか出てきます。それを読んで、必要な表現を抜き出していきます。

ただし、ネット上にある英語が正しい標準的な英語とは限りません（→p.224）ので、欲を言えば、そうして集めた英語をどこかの段階で信頼できるネイティブスピーカーにチェックしてもらうことができれば理想です。

PART 4
ライティングあの手この手

“

ここではライティングで知っておくと役立つ「小ワザ」を5つ紹介します。もちろん、ここで紹介するようなテクニックがいつでも使えるわけではありませんが、「知っておくと何かのときに役立つことがある」と考えてお読みいただければと思います。

1 名詞を避ける

英文の表現の要は名詞です。ところが日本人が英文中で名詞を使うときは次のようなことに注意しなくてはいけません。

a）その名詞は可算名詞か不可算名詞か？

b）可算名詞なら「単数形は裸では使えない（→p. 210）」ので、冠詞をつけるか（その場合、a か the か）、あるいは所有格をつけるか？ または複数形にするか？ 不可算名詞なら、裸か、the をつけるか？ あるいは所有格にするか？

c）前後に前置詞を置く場合、どのような前置詞と相性がいいか？

といったことです。
さらに「名詞形」の語彙力も関わってきます。（名詞形がすべて -ness とか -tion とか -ity といった語尾で終われば話は楽なのでしょうが…）
たとえば、以下の①、②の空欄に入る適切な派生語の形はどうなりますか?

形容詞		名詞形
「寒い」cold	→	「寒さ」coldness
「暖かい」warm	→	「暖かさ」(　①　)
「暑い」hot	→	「暑さ」(　②　)

①は warmth、②は heat が一般的です。ところが受験生の答案を見ると、coldness の連想からか、-ness をつけて作った名詞形（大きい辞書を引けば、warmness とか hotness という語も載っていますが、あえてそうした語を試験で書く必然性はあまり考えられません）を無理やり書いている場合がありあす。
このように、名詞を使うには、結構色々なことを気にする必要があります。そこでここでは名詞の使用を回避して書く方法を紹介します。（もちろんこれがいつでも使える手段ではないことは了解してください）

次の日本語の下線部を英語に訳すとしましょう。

【例題1】
「東南アジアの人たちには冬の北海道の寒さが想像できないだろう」

どうでしょう。直訳しようとすると、色々と迷う点があると思います。

- 「冬の」は winter's? winter? あるいは in winter それとも of winter? winter に the はつく、つかない？
- 「北海道の」は Hokkaido's？ または of Hokkaido? in Hokkaido?
- 「寒さ」は coldness? the は必要? coldness は可算、不可算？

こうしたことのほとんどは「寒さ」という名詞を使うことに伴う問題です。（ちなみに、日本語にはこうした「～さ」や「～み」で終わる名詞がたくさん存在します。「暖かい」なら「暖かさ」「暖かみ」、「厚い」なら「厚さ」「厚み」など。でも必ずしも2種類あるわけではなく、「厚い」は「厚さ」と「厚み」がありますが、「熱い」「暑い」は「熱さ」「暑さ」はあっても「熱み」「暑み」はないですね。きっと日本語を学習している外国人の方はこういう点に苦労するのでしょう...）

このような場合、次のように how と形容詞を使って言い換えて表現できることが多いことは覚えておくとよいでしょう。

「この本の**厚さ**」〔直訳〕the **thickness** of this book
→「この本が**どれほど厚いか**」**how thick** this book is
（× how this book is thick としないよう語順に注意）

したがって、上の例題も、「冬の北海道の寒さ」を「北海道は冬がいかに寒いのか」と言い換えて、

People from Southeast Asia cannot imagine **how cold Hokkaido is in winter**.

と表現できます。（文末の in winter は in the winter と the をつけてもかまいません） この表現のいいところは、「寒さ」という名詞を回避したことで、可算不可算や単数複数などで悩まなくて済むようになったということです。

また、否定の意味を持つ名詞形を書こうとして、un-がつくか、-in (-imなど)がつくかで迷う場合がありますが、これも名詞を形容詞に変換すれば、notを使って表現できます。

【例題2】
「このことは現代の若者の忍耐力の欠如を表している」

「忍耐力」は辞書にはpatienceとあります。では「忍耐力の欠如」はどう書いたらいいでしょう？ 1つには「忍耐力がないこと」と考えてpatienceの反対語impatienceを使っても書けそうですね。あるいは「欠如」に相当するlackという語を使ってlack of patienceとも書けそうです。ただこうした名詞に冠詞は不要？ 前置詞は？ と迷うかもしれません。
これも「現代の若者は忍耐力がない」と言い換えて、

This shows that young people today are **not patient**.

のようにpatientという形容詞を使い、notといっしょに使えば簡単に表現できます。

【例題3】
「先月30年ぶりに故郷を訪れてその変わりように驚いた」

これも「変わりよう」という名詞を探すのではなく、「変わった様子」「どれほど変わったのか」のように考えてみましょう。

Last month, I visited my hometown for the first time in thirty years and was surprised at **the way it had changed**.
[... at **how much it had changed.**]

このように名詞を回避して書くという方法は、場合によっては原文と若干ニュアンスが変わったり、やや冗長な英語に聞こえることもあるので、いつでも使えるわけではありませんが、知っておくと和文英訳で威力を発揮するテクニックです。

2 変化を比較級で表す

「増える・減る」「長くなる・短くなる」といった「変化」を英語で表現するのは意外と書きづらいものです。そんなとき威力を発揮するのが「比較級」です。次の英文を見てください。

Japanese people live **longer** than ...

この場合、thanの後に置く比較の対象によって、意味が大きく変わります。

a)「アメリカ人」「フランス人」など、他国の人々
Japanese people live **longer** than *Americans*.
（日本人はアメリカ人より長生きだ）

b)「昔の日本人」など、同じ日本人の過去の姿（状態）
Japanese people live **longer** than *they used to*.

b）の場合は「日本人は以前と比べてより長生きする」という意味になるので、結局「日本人は昔より長生きするようになった」「日本人の寿命は延びた」という変化を表していることになります。同じことをlongerを形容詞として使って、

Japanese people *have* **longer** *life span* than they did.

とも表現できます。

「比較」というと、どうしても主語を他の人・物と比べるものだと考えてしまいますが、同じ主語の昔の姿と比べれば、それはその主語の変化を表すことができるというわけです。

いくつか例文を見ておきましょう。次の日本語は（　　）内のように言い換えて表現できます。

① 最近、環境問題への関心が高まってきた。
(→ 環境に関してより関心を持つようになった)
Recently people have become **more concerned** about environmental problems.

② 在宅勤務だと仕事をしている時間が増える。
(→ より多くの勤務時間を意味する)
Working from home means **longer work hours**.

③ 1クラスの生徒数が増えると教師が一人の生徒にあてられる時間が少なくなる。
(→ 教師によって各生徒に与えられる、より少ない時間)
More students in class means **less** time given to each student by a teacher.

④ 罰則を強化すれば犯罪の減少につながる。
(→ より厳しい罰則がより少ない犯罪につながる)
Harsher penalties will lead to **fewer** crimes.

⑤ 前よりビニール袋を使わなくなった。
(→ より少ない数のビニール袋を使う)
People use **fewer** plastic bags (than before).

実はこのような比較級は英文を読んでいると頻繁に出てきますが、それが変化を表しているということに気づかない人が多いように思います。日頃から英文を読むときに細かいところに注意して読むことも、英文ライティングの力をつける上で大切な勉強法の一部だということも、ぜひ知っておいてください。

3 断定を避ける

ライティングの添削していると「XはYである」「XはYする」と断定的に書いてある答案をよく見かけます。「なんでそんなことが言い切れるの？」「ホントにそう決めつけていいの？」と読みながらツッコミを入れたくなってしまいます。

例を1つあげましょう。次はある大学で出題された自由英作文問題のテーマです。

Do you think new technology can make people happy?

このお題に対し、生徒の書く典型的な答案の書き出しは次のようなものです。

I think new technology can make people happy. I have two reasons. The first reason is that new technology creates new jobs.

これは実際に私が添削した答案の一部です。（書き出しの部分で問われたお題を繰り返したり、理由の個数を挙げるのは冗長な感じがしますが、ここではその点はとがめないことにします） 私はこのnew technology creates new jobsという部分がひっかかりました。

この後を読むと、どうやらこの生徒は「雇用の機会が増えて、失業していた人も働けるようになり、みんなハッピー」というふうに話を展開させたかったらしいのですが、私は「新しい技術によってAIやロボットの開発が進めば、自動化や無人化が進んでむしろ人手が不要になる分野もあるんじゃないの？」と思いました。もちろんそういう観点で全面的に書き直すこともできますが、ここでは元の答案を活かすことを優先させて考えてみましょう。

ここで直してほしいのはcreatesという現在形の使用です。現在形は「一般論、習慣、真実」など「いつでもそうである」ということを述べるときに使われるのが普通なので、この英文が、「新しい技術が新しい仕事を作り出す」ことは誰もが認める事実であるかのように聞こえます。

このような場合、助動詞を1つ使うと印象がかなり変わってきます。

New technology **may** create new jobs.
(新しい技術が新しい仕事を作り出すかもしれない)

New technology **can** create new jobs.
(新しい技術が新しい仕事を作り出す可能性がある)

こう書けば、とりあえずつっこまれたときの(言い方は悪いですが)「逃げ道」にはなりますね。文末にin some fields(一部の分野で)などと添えておけばさらによいでしょう。

New technology **can** create new jobs *in some fields*.

断定を避けるのに助動詞を使う以外の手段として、以下のような語句を使う方法もあります。もちろん使いすぎるとそれはそれで英文が冗長になってしまいますので注意が必要です。

① 推量を意味する副詞

probably(たぶん)
perhaps(おそらく)

② 一般論を述べる副詞(句)

generally(一般的に)
generally speaking(一般的に言えば)
on the whole(概して)
largely(主に)
in most cases(たいていの場合)
usually(たいていは)
it is said that ... (…だと言われている)

③ 助動詞的に動詞の前に置いて使う語句

be likely to —(—する可能性がある; —しそうである)
be supposed to —(—することになっている)
be expected to —(—することが予想される)
tend to —(—する傾向がある)

④ 名詞の前に置いて、名詞を一般化する形容詞
average（平均的な）
most（ほとんどの）
usual（いつもの）
ordinary（普通の）

⑤ その他、意味を漠然とさせる副詞句
to some extent（ある程度は）
in a sense（ある意味において）
partly（1つには）

こうした語句をちょっと添えることで、事実を断言しているように響くのを避けることができます。

4「Sは～によって変わる」の表現方法

「…によって変わる」という日本語には2つの可能性があります。次の日本語を見てください。

①「野菜の値段は天気によって毎日**変わる**」
②「挨拶の仕方は文化によって**変わる**」

①の「変わる」は「変化する；変動する」の意味で、この場合はchangeという動詞が使えます。しかし② の「変わる」は1つのものが別のものに変化するという意味ではなく「種類が様々である」「いろんな種類がある」という意味ですね。この場合、varyという動詞がよく使われます。
訳例をあげておきましょう。

①の例：
The prices of vegetables **change** daily depending on the weather.
②の例：
The way you greet someone **varies** from culture to culture.

ちなみに、このvaryという動詞はvarious（様々な）という形容詞の動詞形だと考えると「種類が様々である」という意味が理解しやすいかもしれません。この動詞は使い方が難しく、後ろに上にあげたfrom A to Aという形（この場合Aの位置に来る名詞は無冠詞単数です）のほかに、様々な形が続くので、語法に注意する必要があります。
この「様々である」の意味を表現するのに、覚えておくと便利な表現方法をもう1つ紹介しておきます。それは、

Different X have different Y.

というフレーズです。直訳すれば「異なるXは異なるYを持っている」で、構文的に書きやすくオススメです。

Different *countries* **have different** *currencies.*（国が違えば通貨も違う）
Different *cultures* **have different** *values.*（文化が違えば価値観も違う）
Different *schools* **have different** *uniforms.*（学校が違えば制服も違う）

5 ホンモノ志向なら...

たとえば、「あなたの行きたい国とその理由を書きなさい」というテーマで英文を書くとしましょう。そうすると、ありがちな答案が、

「イタリアに行きたい。なぜならイタリア料理が大好きだから」
「アメリカのブロードウェイに行きたい。ミュージカルが見たい」
「エジプトに行きたい。そしてピラミッドを見てみたい」
「中国に留学して中国語を勉強したい」

こういう答案を見ると、私はいつもこんな風につっこみたくなります。

「イタリア料理が食べたいならサイゼ●ヤに行けばいい」
「ミュージカルが見たいならDVDを買って来て家で見ればいい」
「ピラミッドが見たいならネットやYouTubeで見れば？」
「中国語なら日本にいたって勉強できますよ」

もちろんこれは単なる揚げ足取りですが、仮にこう突っ込むと、おそらく生徒は、

「いえ私は**本場の**イタリア料理を食べてみたいんです」
「ブロードウェイで**生の**ミュージカルが見たいんです」
「ピラミッドの**実物**が見たいんです」
「現地の**生きた**中国語を勉強したいんです」

のように返してくるでしょう。だったら最初からそれを英語で添えて書いてはどうでしょう。（こうしたちょっとした工夫で答案の印象がかなり違ってきます）
以下にそうしたフレーズを使った例文をいくつかあげておきます。参考にしてください。

I'd like to try **authentic** Italian dishes.
（▶ authenticは「本格的な」の意味）

I'd like to watch **live** musicals performed on Broadway.
（▶ liveは「（観客の目の前で行われる）生の」の意味だが、「（録画ではなく）生中継の」の意味もあるので、「現地で」の意味を示す地名などを添えた方がより明確）

I'd like to see the Pyramids **with my own eyes**.
（▶ with one's own eyesは「自分自身の目で」の意味）

I'd like to learn Chinese (**as it is**) **spoken in real life**.
（▶ as it is spoken in real lifeは「実生活で話されているような」の意味で、asは接続詞）

I want to learn **real spoken** Chinese.

もちろん、このような表現を書くときは、前後の文脈の助けがありますから、上で太字で示したような語句がないからといって、必ずしも減点されるとも限りません。ただ、自分の言いたいことを少しでも曖昧にしないよう、ここにあげたような具体化する表現方法は書けるようにしておいて損はないでしょう。

PART 5
自由英作文Tips

“

近年、とみに出題が増加している自由英作文。そして、その「書き方」に関して「パラグラフの構成をしっかりと」とか「ディスコースマーカーを上手に使って」などとよく言われます。もちろん、上手な英文を書く上で、そうしたことが必要なのは確かなのですが、それは文法的にミスのない文がある程度しっかり書けるようになった人が考えること。
ここでは、それ以前の話、つまり「そもそも何をどう書いたらいいのかわからない」「どうやって勉強したらよいのかわからない」という入門の入門レベルの話を、具体例を織り交ぜながらお話しします。

1 〈学習方針〉まずは「減点されない英語」を目指す。
2 〈日頃の練習〉模範解答から学ぶ。下調べも忘れずに。
3 〈試験当日〉書く内容をどう決めるのか？

1 〈学習方針〉まずは「減点されない英語」を目指そう

(1) まずは「減点されない英語」を

「自由英作文」の問題を見たときに、日本語の小論文と同じように「何を書こうか？」と考える人はいませんか？ 自分の思いついた内容を何でもそのまま英語で表現できるような人は別にして（もっとも、そういう人はほとんどいませんが）皆さんの英語の語彙力・表現力には限度があるわけですから、どんなに立派な、あるいはユニークな内容を思いついてもそれが英語で書けなければ（あるいは苦労して書いても間違いだらけなら）意味がありません。自分が英語で書けないことは極力書かないで済むような内容を考える、という逆算的な発想も必要です。

自由英作文はあくまで「英語の試験」ですから（内容点が加味される場合もありますが）、まず最初に目指すのは「文法的に減点されない英語」が書けるようになることです。また、普通に書ける英文を、わざわざ難しい単語や熟語を使って書いている答案を見かけますが、そういうことをしても（少なくとも大学受験では）点数は１点も増えません。むしろ、そんな不慣れな英語を使うことばかりに気をとられて、三単現のsを落としたり、単語の綴りを間違えば、まず間違いなく減点されるでしょう。

よく、やけに難しい形容詞や動詞を使って書いた生徒に「こんな難しい単語を使わなくても、もっと簡単なこういう単語があるでしょ？」と指摘すると、「その単語はその数行上で1回使っているので、同じ単語は繰り返さないで言い換えた方がいいと思って…」と反論されますが、英文を書いて生計を立てているような英語のプロは別にして、所詮大学入試のライティングで同じ単語を複数回使うこと自体はまったく問題ないはずです。（むしろ普段使い慣れていない単語を書いて、綴りや語法を間違える方がもっとリスクが高いと思います）

「上手な英語」を目指す前にまずはその前の段階として「減点されない英語」を書けるようになることを当面の目標としてはいかがでしょうか？

(2) 自分の間違いのクセを知る

では、「減点されない英語」が書けるようになるためにはどうしたらよいでしょうか？ それは、(減点の対象となるような) 自分が文法上犯しやすいミスを知る、ということです。「現在完了が正しく使えない人」「受け身の形が正しく書けない人」「三単現のsを落としやすい人」…。つまり、英語を書いていて自分が頻繁に犯すミスを (添削などを通して) 知ることです。

そして自分の弱点がわかった上で、英文を書いたあと、その部分の点検をすることを習慣化するのです。たとえば三単現のsを落としがちな人は、英文を書き終えたら、(内容を考えずに) 三単現のsがきちんとついているかだけを答案を横断的に見て確認するのです。そうすることでミスがたとえ1つでも2つでも発見できれば、その分だけ減点を減らすことができるわけですから。

2 〈日頃の練習〉模範解答から学ぶ。下調べも忘れずに

(1) 模範解答から学ぶ

自分の書いた英文が添削で真っ赤になって戻ってきたとします。では、そうして直された答案は「模範的な英文」でしょうか？ それを覚えて実際の試験で使う価値はあるでしょうか？ 残念ながらおそらくそうではないことが多いと思います。添削の赤字、というのはあくまで最低限の修正であって、直した結果がベストな答案ではないからです。

復習するときは、参考書や問題集に載っている模範解答をじっくり読むことをお勧めします。といっても、それを全部暗記する必要はありません。そもそも市販の問題集の解答例には、生徒には到底書けそうもない立派な英語が書いてあることがよくあります。自分に書けそうもない（自分でよくわかっていない）英語を未消化のまま覚えたところで、それを自分で使うのはとてもリスクの高いことなのです。

まず、普通に模範解答を英文解釈するつもりで読んでください。そして自分の知らない単語や表現は辞書を引いて確認するのです。読んでいくと、ところどころに「自分で書いているときは、英語で何て言えばわからなかったけど、そうか、こういうふうに表現すれば簡単な英語で書けるのか！」とか「なるほど、こういう内容を盛り込む手もあったな！」という語彙や表現が見つかるでしょう。そういう自分が書けなかったものを覚えるのです！ そもそも頭の中に入っていない英語が、自分で書こうとして出てくるわけがありません。

こうして、自分の使える表現をすこしずつ脳にストックしていくことが大切です。

(2) 辞書、文法書はどんどん使う

よく、「本番と同じつもりで何も見ないで書いてみました」と言って添削答案を持ってくる人がいますが、それは本番直前の練習時期にやることです。

もし、英語が相当できて、ほとんどミスをしていないという自信がある、というレベルの人ならそれもアリかもしれませんが、英語力がイマイチの学生が、怪しい表現を無理やりつなぎ合わせて仕上げ、「あとは先生に添削してもらえば、綴りとか文法とか直してもらえるだろう…」なんていう他力本願の勉強法では力がつきません。それよりは、書いていて綴りがわからない場合はきちんと辞書で調べ、わからない表現は和英辞典などを参考にして「ああ、こう言えばいいのか」と納得しながら勉強した方が、正しい英語が自分の頭の中にインプットできます。

また文法的に怪しいところは、文法書を調べることで、意外と抜けていた知識が確認できる場合もあります。そうして自分で全力投球して作成した答案を提出し、それでもまだ直されたところが自分の気づいていなかった弱点、と言えるのではないでしょうか？

(3) 下調べができるものはしておく

以前より出題は減りましたが、自由英作文で受験者本人の情報を問われることがあります。「あなたの尊敬する人物は誰ですか？」とか「将来どんな職業に就きたいですか？」といったことです。こうした個人的な問いに対する答えは一人一人異なりますから、市販の問題集の解答例を覚えても役に立ちません。ではどうすればいいでしょうか？ 簡単です。事前に英語でどう言うのか調べておくのです。

幸い、最近では和英辞典もすぐれたものがたくさんあり、ネットを使ってもある程度のことは検索できます。それで自分の趣味や進路などを英語でどう言うか、調べておくのです。自分の志望校の学部の英語名などは、大学のウェブサイトで画面表示を英語に切り替えれば、英語で何と言うのかがすぐわかります。こうした「下調べ」作業は、それほど時間のかかる作業ではありませんし、たとえ入試に出なくても、自分の趣味や進路関係の語彙なら、将来実社会で使う可能性は十分ありますから、覚えておいて損はないはずです。

3 〈試験当日〉書く内容をどう決めるのか？

（1） 自分の英語力と相談する

さて、いよいよ何をどう書くかの話に入ります。「自由英作文」の中には、「自分の好きなことが書ける本当の意味での自由英作文」と「書く内容がほぼ決められてしまっている不自由英作文（？）」があります。ここでは前者について、その対策をお話ししましょう。

私は自由英作文の導入授業で、よく黒板に次のように書きます。

「自分の英語力」＋「制限語数」➡「書く内容の決定」

まず「自分の英語力」、つまり自分は英語で何が言えて何が言えないのか、は自分がいちばんよくわかっています。p.238にも書いたとおり、どんなに立派でユニークな内容でも、肝心な英語がお粗末では高得点は望めません。「何を書こうか？」をまず考えてから、それを英語でどう表現するのか悩むのではなく、「自分が英語で書けそうもないことは書かないようにする」（書けそうもない話題は避ける）のが鉄則です。ある表現を自分の英語力で書けそうかどうかは、書く前にちょっと考えてみればわかるはずですから、そういう場合は書かないで済むように話を組み立てるか、まったく別の内容を書くか、書く前によく作戦を練るべきなのです。

（2） 制限語数と相談する

みなさんは「○○について200字の日本語で述べなさい」と言われたら「ああ、原稿用紙半分か」とすぐにその分量が思い浮かぶでしょう。では皆さんは「80語の英語で」と言われたときに頭の中でその分量が思いつくでしょうか？ 自由英作の訓練をしていない生徒が答案を書くのを見ていると、英文を書きながら適当な箇所でペンを止め、語数を数えて、そこで目標の語数に合わせるよう書き足したり、削ったりしながら分量の調整をする人が多いようですが、そうして書いた答案はいかにも取ってつけたような印象を与える英文になってしまいがちです。英語でも同じような「語数感覚」があれば、「○○の賛否について80語前後の英文で述べなさい」と言われたら、頭の中で「80語なら、理由が2～3つ、あるいは具体例２つくらいかな」とだいたいの分量を思い浮かべながら、書く内容の構想を練ることができます。

では、この語数感覚はどうしたら身につけることができるでしょうか？ここでは今すぐできる簡単な方法を紹介しましょう。まず、ライティングの解答用紙（何センチおきかに罫線が引いてあるもの）、またはそれと同様の用紙を用意します。そうしたら、問題集などに載っている模範解答例をたとえば80語数えて、その解答用紙に自分が普段書いているのと同じ大きさの文字と間隔で、解答を写してみるのです。そして写し終えたら、その行数を数えて、「自分の書く字だと、80語というのはだいたい6行くらい」という目安を知っておきます。

そうしておけば、答案を書く際、「90語」という語数指定があれば、あらかじめ「90語ということはだいたい7行くらいかな」と解答用紙の上でのおおよその長さの見当をつけることができます。もっと長い語数の英文を書く必要がある場合は、それに合わせて、150語とか200語とかに要する行数を同様の方法で予め知っておくといいでしょう。

(3) 語数は答案作成時間とも関係する

「制限語数」はまた「答案作成時間」、つまりライティングセクションにどのくらい時間をかけられるのか、という「時間配分」にも関わってきます。100語を超えるような本格的な自由英作文の答案を書いたことがないと、「140語の答案作成に必要な時間は、70語の場合の2倍くらいだろう」と思ってしまいがちです。しかし、100語を超える英文を書くとなると、ある程度しっかりとした内容のものを書く必要がありますから、構想を練って下書きするだけでも結構時間がかかりますし、また最終的にそれを答案用紙に丁寧に書き写すのにも、おそらく本人も驚くほどの時間がかかるでしょう。140語の英文を作成するのは、70語の場合の2倍どころか、3倍近い時間がかかることも覚悟しておく必要があります。したがって、それなりの長さのライティング問題を含む試験を受ける場合は、それを考慮して取り組む必要があります。

(4) 書いてはいけないNG答案

① 骨格がわかりづらい構文

「採点者の英文読解力を試しているのでは？」と思えるような読みづらい英文を書いてはいけません。どれが主語でどれが動詞かわかりづらい文、先行詞と関係詞節が異常に離れている文、that節が主語になっている文、その他、独立分詞構文やら倒置など、それを使う必然性がないのに自分の構文力をアピールしているかのような答案は採点官を疲れさせるだけです。採点に疲れた採点者でも前からサーっと読めるような簡単な骨格の英文をめざしましょう。

② 格式ばった語句・使用する必要のない熟語

拙い英文の中に、突然格式ばった語句（例：thusとか、neverthelessなど）や、めったに目にしない熟語が書いてあって驚くことがあります。なぜそんな語を使ったか尋ねると「英文解釈のテキストに出てきた表現を使いました」とか「英和辞典の例文にありました」といった答えが返ってきます。そういう自分のモノになっていない、どこかで見かけただけの英語は、読んでいてそこだけ浮いて見え、非常に奇異に感じられるものです。なるべく自分が使いこなせるやさしい単語で表現するのが基本です。

③ 曖昧な代名詞や指示語

何を指しているのかよくわからないitやthatが出て来ると、読む目が止まってしまいます。英文を書いた本人がその場にいれば「このitは何を指すの？」と質問できますが、皆さんの手元を離れた答案を採点している先生方はそれができません。登場済みの名詞が離れた場所に出て来たら、文体的に多少くどくても再度その名詞を繰り返して書いた方が採点者の負担は減るでしょうし、曖昧さが残りません。thisやthatも指している内容がある程度離れた場所にある場合は「this [that] ＋名詞 (fact, incident, event, etc.)」のように、名詞を添えることで曖昧さが回避できます。

(5) ウソをついても許される

書きたい内容が自分の英語力で書けそうもない場合、自分の英語力で書ける内容をでっちあげて書く、という奥の手があります。もちろん日頃からそういう「逃げる」練習ばかりしていたらいつまでたっても表現力が身につきませんが、本番の試験では「減点の少ない英語を書いたものが勝ち」なのですから、多少後ろめたい気持ちがあっても、無理のない範囲で創作をするくらいの機転はきかせたいものです。

たとえば、ある意見に対し、自分は内心賛成していても、もし反対意見の方が英語で書きやすかったら、そちらを選んで書いた方が得点は高くなるでしょう。あるいは、もし「あなたの趣味は？」といったことを尋ねられて、本当の趣味が英語で言えない場合は、英語で言える趣味を持っているフリをして書く、ということも可能です。

もちろん、ウソを書くことに心理的な抵抗はあるでしょうが、とにかく英語の試験であると割り切って書くべきだと私は思います。

さくいん

【さ】

【し】

【す】

■著　者

田上　芳彦（たがみ・よしひこ）

山梨県甲府市出身。
東京外国語大学外国語学部英米語学科卒業。
NEC海外グループに５年半勤務した後、駿台予備学校英語科講師となる。
主な著書に『英文法用語の底力』『英文法例外の底力』（プレイス）、『読解のための上級英文法』（研究社）など多数。また『ウィズダム英和辞典』（三省堂）の編集委員も務める。

■英文校閲

Christopher Barnard（クリストファ・バーナード）

トピック別《べつ》・英文《えいぶん》ライティング フレーズ集＋《しゅうプラス》

2021年12月25日　初版発行　　2024年10月28日　３刷発行

著　　者　田《た》上《がみ》芳《よし》彦《ひこ》
発 行 者　山 内 昭 夫
発　　行　有限会社 プレイス
〒112-0002 東京都文京区小日向4-6-3-603
電話　03 (6912) 1600
URL　http://www.place-inc.net/
印刷・製本　中央精版印刷株式会社

カバー・ブックデザイン／Aria
本文イラスト／パント大吉（オフィスパント）

ISBN978-4-903738-49-9
定価はカバーに表示してあります。乱丁本・落丁本はお取替えいたします。